CHORLEY ST. MICHAELS C.E. HIGH SCHOOL
FACULTY OF HUMANITIES

Briefwechsel

second edition

HELEN SEYMOUR ✱ PHIL GRAYSTON

Hodder & Stoughton
LONDON SYDNEY AUCKLAND

Briefwechsel

second edition

HELEN SEYMOUR ✱ PHIL GRAYSTON

Hodder & Stoughton
LONDON SYDNEY AUCKLAND

British Library Cataloguing in Publication Data

Seymour, Helen
   Briefwechsel. – 2Rev.ed
   I. Title   II. Grayston, Phil
   438.2421

ISBN 0-340-55751-6

First published 1988
Third impression 1989
Second edition 1993

Typesetting by Keyset Composition, Essex.
Printed in Great Britain for the education publishing division of Hodder & Stoughton Ltd, Mill Road, Dunton Green, Sevenoaks, Kent by Thomson Litho Ltd, East Kilbride.

Acknowledgements

The publishers would like to thank the following for permission to reproduce their photographs:

Berlin Verkehrsamt (p. 33)
Britta and Stephen Liebing (p. 14, 133)
Chris Gilbert (p. 15, 37, 41, 42, 44, 50, 59, 82, 89, 94, 117)
Deutsche Zentrale für Tourismus e.V. (p. 35)
Irene Winter (p. 21, 24)
© J. Allan Cash Ltd (p. 25, 34, 57, 97 above, 107, 111)
© Sally and Richard Greenhill (p. 126)
© Stief Pictures (p. 128)
Stuttgart Verkehrsamt (p. 27)

All artwork by Kate Shepperd.

Preface

The new, revised *Briefwechsel* adheres to the philosophy as set out in the first version, that all learners of German, across the whole ability range, are capable of expressing themselves in writing. This revised version of *Briefwechsel* also reflects the ideas and concepts laid out in the Attainment Targets 3 and 4 of the National Curriculum.

The authors would like to express their gratitude to the following: Gabi Lindeman and Michael Pippig of Berlin and Binixa Mistry of Thornton Upper School, Bradford for their help with material and, in particular, Renate Heiß of München for her meticulous proof-reading and invaluable advice.

Helen Seymour & Phil Grayston
February 1992

Contents

Einleitung

Paul is writing to Sabine, whom he met on holiday last year in Germany. Notice how he begins, ends, and sets out his letter:

> York, den 8. März
>
> Liebe Sabine!
>
> Ich habe mich so gefreut, Deinen Brief zu erhalten. Wie geht's Dir? Bist Du immer noch erkältet? Du hast geschrieben, daß Ihr im Mai nach England...
>
> Ich muß jetzt Schluß machen. Schreib bald wieder und sag mir Bescheid, ob Ihr nach York kommt.
>
> Viele liebe Grüße
>
> Dein
>
> Paul.

→ When writing letters in German

Give the place you are writing from and the date.

Lieber . . . when addressing a male.

You can use a comma rather than an exclamation mark after the greeting, but then you must begin the first sentence with a small letter.

All the words for 'you' and 'your' must begin with a capital letter.

Use **Deine** when signing off if the writer is female.

Note how he addresses the envelope.

> Fräulein
> Sabine Fischer
> Franz-Joseph-straße 8
> 8000 MÜNCHEN
> Germany

- Your full address goes on the back of the envelope.

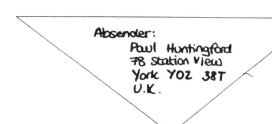

◆ Addressing people in a letter

Dear	You (subject)	You (object)	You (dative)	Your	Yours (ending)
Informal, one person Liebe Anna! Lieber Uwe,	Du	Dich	Dir	Dein	Deine (*female*) Dein (*male*)
Informal, more than one person Liebe Anna, Lieber Uwe!	Ihr	Euch	Euch	Euer	Eure (*female*) Euer (*male*)
Formal, one person or more Liebe Frau B.! Lieber Herr B., Sehr geehrter Herr! Sehr geehrte Damen und Herren,	Sie	Sie	Ihnen	Ihr	Ihre (*female*) Ihr (*male*)

The following are useful phrases and expressions which you can use in a letter.

They are all given in the **Du** form except wher **Ihr** or **Sie** is more appropriate.

◆ Openings

Ich habe Deine Adresse von meiner Lehrerin bekommen.
Meine Lehrerin hat mir Deine Adresse gegeben.
Möchtest Du einen Briefwechsel mit mir beginnen?
Es freut mich sehr, einen Briefwechsel mit Dir zu beginnen.
Ich freue mich sehr, einen deutschen Brieffreund/eine deutsche Brieffreundin zu haben.

I got your address from my teacher (female).

My teacher has given me your address.
Would you like to start a correspondence with me?
I am very happy to be starting a corresponden *with you.*
I am very pleased to have a German penfrienc

◆ General greetings

Gute Reise! ⎫ Gute Fahrt! ⎭	Have a good journey!
Viel Spaß!	Have fun!
Viel Glück!	Good luck!
Viel Vergnügen!	Enjoy yourself!
Ein frohes Weihnachtsfest ⎫ Fröhliche Weihnachten ⎬ Frohe Weihnachten ⎭	Happy Christmas
. . . und ein glückliches neues Jahr	. . . and a happy new year
Die besten Wünsche zum neuen Jahr	Best wishes for the new year
Viel Glück im neuen Jahr!	Good luck in the new year
Einen guten Rutsch ins neue Jahr!	Happy New Year!
Frohe Ostern	Happy Easter
Schöne Feiertage	Happy holidays
Herzlichen Glückwunsch zum Geburtstag	Happy Birthday
Herzlichen Glückwunsch zur Verlobung	Congratulations on your engagement
. . . wünsche ich Dir.	I wish you . . .
. . . wünschen wir Euch allen.	We wish you all . . .

◆ Saying thank you

Ich danke Dir sehr für das schöne . . .	Thank you very much for the nice . . .
Ich bedanke mich herzlichst für . . .	Warmest thanks for . . .
Ich möchte Dir/Ihnen herzlichst für Deine/Ihre Gastfreundschaft danken.	I should like to thank you very much for your hospitality.

◆ Apologising

Es tut mir leid,	I am sorry
Entschuldige (bitte),	
Entschuldigen Sie (bitte),	
Verzeihung,	I do apologise/I am sorry
Verzeihen Sie (bitte),	
Verzeih,	
. . , daß ich so lange nicht geschrieben habe.	. . . that I have not written for so long.
. . , daß ich Deinen Brief nicht früher beantwortet habe.	. . . that I have not answered your letter earlier.
. . , daß ich Deinen Geburtstag verschwitzt habe/vergessen habe.	. . . that I forgot your birthday.
Ich habe mich sehr über Deinen Brief gefreut.	I was very pleased to get your letter.
Herzlichen Dank für Deinen letzten/langen/ lieben Brief.	Thank you very much for your last/long/lovely letter.
Vielen Dank für Deinen Brief, über den ich mich gefreut habe.	Many thanks for the letter which I was pleased to get.

Vielen Dank für Deine Karte, die ich vor drei Tagen bekam.	Many thanks for your card which I received three days ago.
Wie geht's Dir?	How are you?
Hoffentlich geht's Dir gut/besser.	I hope you are well/better.

◆ Endings

Schreib bald!	Write soon!
Bitte, schreib bald wieder!	Please write again soon.
Laß bald von Dir hören.	I hope to hear from you soon.
Ich freue mich auf Deinen nächsten Brief.	I look forward to your next letter.
Ich muß jetzt Schluß machen.	I must close now.
Das ist alles für heute.	That's all for today.
Alles Gute	
Viele Grüße	
Herzliche Grüße	Best wishes
Schöne Grüße	
Viele liebe Grüße	Love and best wishes
Mit freundlichen Grüßen (formal)	With all good wishes
Grüße und Küsse	Love and kisses
. . . auch an Deine Familie	. . . also to your family
Deine Mutter	mother
Deinen Vater	father
Deine Eltern	parents
Tschüs! Tschüß!	Cheerio!
Seid von uns allen herzlichst gegrüßt.	Best wishes to all of you from all of us.
Herzliche Grüße Euch allen.	Best wishes to you all.
Meine Mutter läßt Dich grüßen.	My mother sends her love/best wishes.
Meine Eltern lassen Dich grüßen.	My parents send their love/best wishes.
Bis zum nächsten Mal!	Till next time!
Bis bald!	See you soon!

◆ Expressing regret

(Wie) schade, daß . . .	What a shame that . . .
Ein Pech, daß . . .	What bad luck that . . .
Ich bedaure es sehr, aber . . .	I regret it very much but . . .
Nimm es mir bitte nicht übel	Don't be offended
Nimm es mir bitte nicht krumm	Don't take it amiss

◆ Expressing pleasure

Ich freue mich	I am pleased
. . . hat mich gefreut	
Ich habe mich über . . . (+Acc) gefreut	I was pleased about . . .
Ich habe mich darüber gefreut	

Es war/wäre unheimlich toll/echt Klasse/Spitze. | It was/would be really great/fantastic/amazing.
Es würde mir Spaß machen. | It would be fun.
Es würde mir Freude bereiten. | It would be a pleasure.

◆ Enclosures

Ich schicke Dir . . . | I'm sending you . . .
Ich lege Dir ein Foto bei. | I enclose a photo.
Ich füge einen Stadtplan bei (*formal*). | I enclose a map of the town.

◆ Commands (*common ones to use in a letter*)

Sag mal . . . | Tell me . . .
Erzähl mir . . .
Frag (Deinen Vater) . . . | Ask (your father) . . .
Warte | Wait
Bring mir . . . mit. | Bring me . . .
Gib mir . . . | Give me . . .

Remember, adding 'mal' always softens the command. It also helps to add a 'bitte':

Frag mal Deinen Vater, ob Du zu uns kommen darfst. | Ask your father if you can come and stay with us.
Bring mir bitte Schokolade aus der Schweiz mit. | Please bring me some chocolate from Switzerland.

◆ Asking questions

A good letter will also show interest in the other person. Try to ask one or two questions in each letter, apart from the standard 'Wie geht's Dir?'

Remember the question words:

Wo   Wo wohnt Deine Oma? | Where does your Grandma live?
Wohin   Wohin fährst Du in den Urlaub? | Where are you going on holiday?
Woher   Wo kommt Dein Freund her? | Where does your friend come from?
Was   Was machst Du gern? | What do you like doing?
Wie   Wie ist das Wetter in Berlin? | What is the weather like in Berlin?
Wann   Wann kommst Du an? | When are you arriving?
Wieviel   Um wieviel Uhr beginnt die Schule? | When does school begin?
Wieviele   Wieviele Geschwister hast Du? | How many brothers and sisters do you have?
Was für ein(e)   Was für eine Wohnung hast Du? | What sort of a flat/house do you have?

Meine Familie, meine Freunde und ich

Stuttgart, den 8. März

Lieber John,

danke für Deinen Brief. Es freut mich sehr, daß Du mein neuer Brieffreund bist. Du hast über Deine Familie geschrieben. Jetzt erzähle ich Dir etwas über mich und meine Familie.

Ich heiße Martin, bin sechzehn Jahre alt und habe am 15. Februar Geburtstag. Ich habe blondes Haar und hellbraune Augen, bin 1,80 Meter groß und sehe ziemlich gut aus! Mein bester Freund, Uwe, sagt, daß ich auch sehr eingebildet bin! Ich schicke Dir ein Bild von mir, damit Du sehen kannst, wie ich aussehe.

Meine Eltern heißen Thomas und Anita und sind beide vierundvierzig Jahre alt. Mein Vater ist Maschinenschlosser in einer Fabrik in unserem Stadtteil, und meine Mutter ist Verkäuferin in einer Metzgerei. Ich habe eine ältere Schwester, Margit. Sie ist schon verheiratet und wohnt in der Nähe. Ich habe einen Hund, Bello, aber sonst keine Haustiere. Und Du?

Ich freue mich auf Deinen nächsten Brief.

Alles Gute,

Martin

Ich schicke Dir ein Bild von mir.

Hast du verstanden?

1 Answer the following questions about Martin's letter:
  a How old is Martin?
  b How old are his parents?
  c When is his birthday?
  d What does he look like?
  e Who thinks he is conceited?
  f What is Martin sending John? Why?
  g What do his parents do for a living?
  h What does he say about his sister?
  i What does he have in the way of pets?

2 Wie sagt man das auf Deutsch?
  a I'm pleased that you are my new penfriend.
  b Now I'm going to tell you about myself and my family.
  c I'm looking forward to your next letter.

◆ Über deine Familie und Haustiere

Ich habe *I have* Wir haben *We have* Hast Du? *Do you have*	(k)einen *(no) a*	Freund/Kumpel *friend* Vater *father* Bruder *brother* Vetter *male cousin* Neffen *nephew* Onkel *uncle* Hund *dog* Hamster *hamster* Wellensittich *budgerigar* Goldfisch *goldfish*
	(k)eine *(no) a*	Mutter *mother* Schwester *sister* Cousine *female cousin* Nichte *niece* Katze *cat* Freundin *female friend*
	(k)ein *(no) a*	Kaninchen *rabbit* Meerschweinchen *guinea pig* Pferd *horse*

Wir haben einen Wellensittich.

Du bist dran!

3 Write five sentences of your own about your family or pets, for example:

Ich habe keinen Vater.
Wir haben einen Hund.

Write three questions that you might ask a penfriend about their family or pets, for example:

Hast du eine Katze?

◆ Saying what you and other people are like

Ich habe *I have* Sie/Er hat *S/he has*	blondes *blond* braunes *brown* schwarzes *black* graues *grey* langes *long* kurzes *short* hellbraunes *light brown*	Haar und *hair*	blaue *blue* grüne *green* braune *brown* graue *grey* dunkelblaue *dark blue* schöne *beautiful*	Augen *eyes*
Ich bin *I am* Sie/Er ist *S/he is*	1, . . . Meter groß und *tall*	sehr ganz ziemlich nicht sehr gar nicht	schön *nice-looking* gut gelaunt *good-tempered* sympathisch *nice* freundlich *kind/friendly* nett *nice* arrogant *arrogant* eingebildet *big-headed* still *quiet* in Ordnung *OK*	

Sie ist sehr eingebildet.

4 Write five sentences of your own describing five people you know e.g. friends/classmates/members of your family. Use the two tables above. For example:

> Ich habe einen Freund. Er heißt Adam. Er ist 1 Meter 60 groß. Er ist sympathisch. Er hat langes blondes Haar und dunkelblaue Augen.

Now write some sentences describing yourself. Be honest!

◆ Ausweisinformationen

5 On the form below Kirsten Kneff has filled in some of her personal details. Copy the form and fill in the same information about yourself:

Vorname	*Kirsten*
Nachname	*Kneff*
Geburtsdatum	*19/6/76*
Geburtsort	*Graz*
Wohnort	*Wien*
Staatsangehörigkeit	*Österreichisch*
Grösse	*1,48 m*
Gewicht	*50 Kilo*
Haarfarbe	*hellbraun*
Augenfarbe	*grün*

◆ Was sind sie von Beruf?

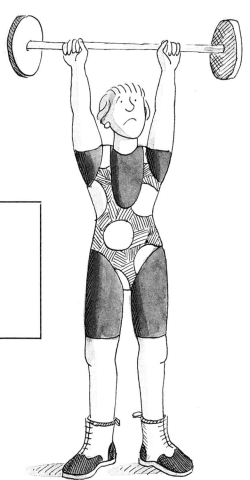

Sie/er arbeitet *S/he works*	im Büro *in an office* in einem Geschäft *in a shop/business* in einer Bank *in a bank* im Krankenhaus *in a hospital* in einer Fabrik *in a factory* bei . . . *at (name of firm)* bei der Bahn *on the railway*

Meine Mutter ist Gewichtheberin.

Sie/er ist S/he is	arbeitslos *unemployed* Angestellte(r) *(salaried) employee* Arzt/Ärztin *doctor* Bäcker *baker* Beamte(r) *official/civil servant* Bergmann *miner* Buchhalter(in) *bookkeeper* Busfahrer(in) *busdriver* Elektriker(in) *electrician* Geschäftsmann/frau *businessman/woman* Gewichtheber(in) *weightlifter* Hausfrau *housewife* Hockeyspieler(in) *hockeyplayer* Ingenieur(in) *engineer* Klempner(in) *plumber* Krankenschwester/pfleger *nurse* Koch/Köchin *cook* Läufer(in) *runner* Lehrer(in) *teacher* Leiter(in) *manager* Lokführer(in) *engine driver* Maler(in) *painter* Maschinenschlosser(in) *fitter* Mechaniker(in) *mechanic* Metzger(in) *butcher* Polizist(in) *police officer* Profi *professional sportsperson* Rentner(in) *old-age pensioner* Sekretär(in) *secretary* Straßenbahnfahrer(in) *tramdriver* Verkäufer(in) *shop assistant* Vertreter(in) *representative* Werkzeugmacher(in) *tool maker*	(von Beruf)

Du bist dran!

5 Write five sentences about people you know
and the jobs they do, for example:

Meine Mutter ist Buchhalterin in einer
Fabrik.
Mein Onkel ist Lehrer von Beruf.

What do you learn about the following people?

7

'Mein Vater war mal Ingenieur bei der Firma Hoffmann in Saarbrücken, aber auf einmal ging die Firma kaputt, und er wurde arbeitslos. Wir mußten ein Jahr lang von dem Arbeitslosengeld leben. Dann kriegte er einen Job bei der Bahn, Gott sei Dank!'

Petra F., Hamburg

a What did Petra's father use to do?
b Why did he become unemployed?
c How long was he unemployed?
d What does he do now?

8

Meine Tante Ilse arbeitet seit 10 Jahren in einem Sportgeschäft in der Stadtmitte. Sie arbeitet jeden Tag außer Sonntag. Früher war sie Hausfrau mit zwei Kindern, aber jetzt sind die Kinder erwachsen. Ihr Sohn Josef arbeitet seit 6 Jahren bei der Post, und ihre Tochter Sabine ist seit 2 Jahren Studentin in Heidelberg.

Manfred W., Kiel

a Where does aunt Ilse work? Which days does she work? Has she always done that?
b Who are Josef and Sabine and what do they do?

9

Mein Vetter Klaus arbeitet seit 5 Jahren als Lokführer. Früher hat er Fußball beim VFB Stuttgart gespielt, aber er hat Probleme mit dem linken Knie gehabt und mußte es aufgeben. Die ganze Familie ist sportlich. Seine Schwester Ulrike ist zum Beispiel Lehrerin für Sport und spielt auch Fußball – aber nur in ihrer Freizeit.

Dieter K., Stuttgart

a What did Klaus use to do for a living and why did he have to give it up?

b What does he do now?

c What do we learn about Ulrike?

Hast du verstanden?

10 In Mandy's letter some of the words have been removed. Fill in the gaps from the words below. Some can be used more than once.

Ich .... Mandy und ...... zwölf Jahre .... Ich habe am zweiten .... Geburtstag. Ich ...... 1,40 Meter .... , habe braunes .... und braune .... Ich ...... einen Bruder. Er .... vierundzwanzig .... Er ...... Mark. Er ..... verheiratet. Ich ..... keine Schwester. Hast Du .... ?

Meine Mutter .... in einem Büro und mein Vater .... in einer Bank. Wir .... einen großen Hund. ..... heißt Chum. ..... Du Haustiere?

> haben Geschwister alt Haar er habe heiße
> Juli Jahre hast bin ist arbeitet Augen
> groß heißt.

Die ganze Familie ist sportlich.

Du bist dran!

11

a Here is some information about Sharon. Write what she would say to describe herself. Use Mandy's letter to help you and start like this: *Ich heiße Sharon und bin . . .*

Sharon: 17, blue eyes, blonde hair, no brothers or sisters. Has one dog and a horse. Father is a doctor, mother is a teacher.

b In the same way write what Gary would say about himself. Start like this: *Ich heiße Gary und bin . . .*

Gary: 15, brown eyes, light brown hair, one brother, twelve years old. No pets. Father is a fitter, mother is a cook.

◆ Verheiratet, geschieden oder ledig?

Sie/Er ist	verheiratet *married* verlobt *engaged* geschieden *divorced* ledig *single* Witwe(r) geworden *widowed*

12 Write three sentences in German about any members of your family or your friends, for example:

Mein Onkel ist geschieden.

Du bist dran!

14 You are now ready to write your own full letter to a penfriend for the first time. You can write it by using the sentences and paragraphs you have written in this unit or you can use the sample letter below to help you.

13 Write a paragraph about yourself in German. Give your name, your age, a description of what you look like, and information about your family and pets. Start like this: *Ich heiße . . .*

Sie sind verheiratet.

Liebe(r) . . .,
wie geht's Dir? Ich hoffe gut. Ich fand das unheimlich
toll, daß Du mir geschrieben hast. Da Du nichts über mich und meine
Familie weißt, erzähle ich Dir jetzt etwas über uns.

_____ den _____

Ich heiße _____ und bin _____ Jahre alt. Ich habe _____ Haar
und _____ Augen und bin _____ Meter groß. Ich bin _____
_____ (*give other personal characteristics*).

Mein Vater heißt _____ und ist _____ (*age*). Er ist _____
von Beruf. Meine Mutter heißt _____ und ist _____ (*age*). Sie
ist _____ von Beruf. _____ (*give any other information about them*).

Ich habe _____ (*give information about any brothers or sisters*).
Wir haben _____ (*give information about any pets*).

Ich schicke Dir ein Bild von mir. Schreib bald wieder!
Dein(e)

_____

◆ Die Brieffreundin schreibt

Kaiserlautern, den 11. Januar

Liebe Carol,

ich habe Deine Adresse von meiner Lehrerin bekommen und freue
mich sehr, daß Du auch an einem Austausch teilnehmen möchtest.
Ich schreibe also jetzt ein paar Zeilen über mich selbst und
über meiner Familie.

Ich heiße Heike Schmied, bin vierzehn Jahre alt und habe am 23.
Mai Geburtstag. Ich bin 1,30 Meter groß, bin etwas dick, habe
braunes Haar und braune Augen. Ein Foto von mir, das letztes
Jahr im Urlaub gemacht wurde, lege ich Dir bei.

Meine Mutter heißt Ulrike. Sie ist Bankangestellte und
Hausfrau. Mein Vater, der Kaufmann bei BASF ist, wohnt nicht
bei uns, weil meine Eltern geschieden sind. Mein Vater hat
wieder geheiratet und wohnt ziemlich weit weg, in Ludwigshafen.
Zum Glück verstehe ich mich gut mit Ute, seiner neuen Frau (und
meiner Stiefmutter), aber mit meinem Vater streite ich oft.

Bei uns zu Hause wohnt jetzt meine Oma, die vor kurzem aus
Leipzig (das ist in der ehemaligen DDR) umgezogen ist. Mein
Onkel und seine Familie wohnen noch drüben: vielleicht ziehen
sie auch rüber, weil er arbeitslos geworden ist.

Ich habe einen achtzehnjährigen Bruder, Dirk, und eine jüngere
Schwester, Marianne, die zwölf Jahre alt ist. Marianne und ich
verstehen uns gut, aber Dirk ist oft schlecht gelaunt, und wir
haben oft Krach. Er hat vor kurzem eine neue Freundin
kennengelernt und verbringt seine ganze Zeit entweder bei ihr
oder beim Fußballspielen. Ich hatte mal einen Freund,
Christian, aber wir sehen uns nicht mehr.

Schreib mir bitte bald etwas über Dich und Deine Familie und
schick mir bitte ein Bild von Dir!

Alles Gute, Deine

Heike

Mit meinem Vater streite ich oft.

Hast du verstanden?

15 Answer the following questions in English about Heike's letter.

a Describe what Heike looks like.
b What do we learn about her mother?
c What do we learn about her father?
d Who is Ute?
e What does she say about her grandmother and uncle?
f What are her comments about her sister?
g What does she say about her brother?
h Does she have a boyfriend?

Du bist dran!

16 Put each of these pairs of sentences together to form one sentence with a relative clause, for example:

> Ich habe eine Schwester. Sie ist zwölf Jahre alt.
> Ich habe eine Schwester, *die* zwölf Jahre alt ist.

a Ich habe einen Bruder. Er arbeitet bei der Bahn in Mannheim.
b Ich wohne bei meinem Vater. Er hat wieder geheiratet.
c Ich habe eine verheiratete Schwester. Sie wohnt in der Nähe.
d Ich besuche meinen Onkel. Er wohnt in Berlin.
e Ich habe eine neue Freundin, Sabine. Sie kommt aus Rostock.
f Wir hatten eine Katze. Sie ist im letzten Monat gestorben.

17 Write down five sentences of your own about your family and friends. Each one must contain a relative clause.

◆ Wie verstehst du dich mit ihnen?

There are several expressions you can use to describe a good or bad relationship.

sich verstehen mit (+Dat.): **(gut) auskommen mit:** *(to get on with someone)*	Zum Beispiel: Mit meinen Geschwistern verstehe ich mich ganz gut. Wir verstehen uns gut. Zum Beispiel: Wir kommen gut miteinander aus.
ein gutes Verhältnis haben zu (+Dat.): *(to have a good relationship with)*	Zum Beispiel: Zu meinen Eltern habe ich ein gutes Verhältnis.
sich streiten (mit): **Streit haben:** *(to quarrel)*	Zum Beispiel: Mit meinem Vater streite ich mich oft. Ich habe oft Streit mit ihm.

Krach haben (mit): *(to have rows/quarrels)*	Zum Beispiel: Wir haben oft Krach in unserer Familie.
leiden *(to bear/put up with someone)*	Zum Beispiel: Ich kann meinen Bruder nicht leiden.

Du bist dran!

18 Using these expressions, write a comment about each of the people below:
  a Mein Vater/meine Mutter
  b Mein Bruder/meine Schwester
  c Mein bester Freund/meine beste Freundin
  d Die Nachbarn *(the neighbours)*

Ich kann meinen Bruder nicht leiden.

◆ Wir stellen uns vor

Renate
Ich bin 17 Jahre alt und habe einen Bruder, der fünf Jahre alt ist. Mein Vater arbeitet als Maschinenschlosser. Meine Mutter ist Laborantin, doch zur Zeit ist sie Hausfrau. Wir wohnen mitten in der Stadt und meine Verwandten wohnen fast alle in der Nähe.

Manfred
Ich wohne in einem Zweifamilienhaus. Bei uns wohnen noch meine Oma und mein Opa. Mein Vater ist gelernter Maler, zur Zeit aber als Verkäufer tätig. Wir verstehen uns alle sehr gut.

Jasmin
Ich heiße Jasmin und wohne mit meiner Familie in Köln, wo ich geboren bin, aber meine Eltern kommen ursprünglich aus der Türkei. Meine Oma wohnt in einem kleinen Dorf in der Nähe von Ankara. Mein Vater arbeitet in einer Textilfabrik und meine Mutter geht putzen. Ich fühle mich in Deutschland und in Köln sehr wohl, aber meine Eltern, die seit achtzehn Jahren hier wohnen, möchten gern nach Ankara zurückziehen. Wir haben häufig Krach, weil ich oft ausgehen will.

Udo

Grüß Gott! Ich heiße Udo, bin 15 Jahre alt und komme aus der Schweiz, wo ich mit meinem Vater und meiner Schwester lebe. Unsere kleine Wohnung liegt in einer neuen Siedlung am Rande der Stadt Solothurn. Mein Vater ist Krankenpfleger und arbeitet in der Stadtklinik. Meine Eltern sind geschieden, aber kommen miteinander ziemlich gut aus. Meine Mutter ist zur Zeit bei unserer Oma in Salzburg.

Du bist dran!

19 Write down in English the main points that the six teenagers above mention about themselves and their family circumstances.

20 Write a short paragraph of about 40 words in German about yourself, like the ones above. Give the information you consider most important.

21 Write a letter to a new penfriend in which you introduce yourself and your family. Include the following points:

a Say that you are pleased that they want to take part in an exchange/want to start a correspondence (**einen Briefwechsel beginnen**).

b Introduce yourself, giving your age and describing your appearance.

c Introduce your mother and/or father and say what they do for a living. Say how you get on with them.

d Introduce any brothers and sisters you may have. Say what they are like and how you get on with them.

e Describe any pets you have.

f Ask your penfriend to write about themselves and ask them to send you a picture of themselves.

N.B. Include at least one relative clause in your letter!

Ich bin jetzt der stolze Vater von drei Mädchen.

◆Kontakt mit einem alten Freund

Lieber Uwe!

Einen schönen Gruß aus dem Schwarzwald! Meine Mutter hat letztes Wochenende zufällig Deinen Vater in der Stadt getroffen, und der hat ihr Deine neue Adresse in Hamburg gegeben. Es freut mich riesig, Dir mal wieder schreiben zu können. Wie geht's mit dem Handball? Ich spiele nicht mehr so oft wie früher — ich bin schließlich nicht mehr der jüngste! Was hast Du in den fünfundzwanzig Jahren, in denen wir uns nicht gesehen haben, alles gemacht? Ich bin jetzt der stolze Vater von drei Mädchen! Erinnerst Du Dich noch an die kleine Bärbel — sie hat uns doch immer beim Handballspielen zugeschaut? Sie ist jetzt seit vierzehn Jahren meine Frau, und wir haben eine schöne Wohnung in Wildbad in der Stadtmitte. Die älteste unserer Töchter, Martina, ist zwölf Jahre alt und besucht seit fast einem Jahr unser früheres Gymnasium. Komisch, oder? Petra und Gabi, die Zwillinge, sind sieben Jahre alt.

Bärbel hat früher als Krankenschwester gearbeitet, aber jetzt ist sie gute Mutter und Hausfrau. Ich bin seit sechs Jahren bei den Stadtwerken Elektriker. Früher war ich Busfahrer, aber ich mußte immer Überstunden machen. Deshalb habe ich Elektriker gelernt. Ich verdiene da nämlich viel besser und habe jedes Wochenende frei!

Können wir uns irgendwann treffen — vielleicht, wenn Du das nächste Mal Deinen Vater besuchst? Oder komm mal vorbei auf ein Glas Wein! Schreib einfach mal. Ich würde mich sehr freuen, einen Brief von Dir zu bekommen! Laß mal was von Dir hören — so bald wie möglich!

Viele Grüße

Von Deinem alten Kumpel,

Franz

Hast du verstanden?

22

a Where does Franz live?

b How has he come to be in touch with Uwe again?

c What does Franz say about his family circumstances?

d In what context does Franz mention his old school?

e How might Uwe remember Bärbel?

f Describe Franz's job history. Why is he content with his present job?

g What suggestions does Franz make at the end of the letter?

Mein Wohnort: in der Stadt und auf dem Lande

Hallo Helen,

vielen Dank für Deinen Brief. Es tut mir leid, daß Du krank warst. Hoffentlich geht's Dir wieder besser.

Heute möchte ich Dir etwas über unsere Stadt und unsere Wohnung erzählen. Wir wohnen in einem kleinen Haus am Stadtrand. Wir haben fünf Zimmer und eine Küche und ein Badezimmer. Oben sind drei Schlafzimmer (mein Zimmer, das von meinem Bruder und das von meinen Eltern). Das Wohnzimmer und die Küche sind unten. Die Küche ist groß, und gewöhnlich essen wir dort. Wir haben auch einen Garten. Meine Mutter arbeitet oft im Garten, aber mein Vater nicht. Er ist nämlich sehr faul!

Unsere Stadt liegt zwanzig Kilometer südöstlich von Dortmund. Das ist in Norddeutschland. Im Winter ist es oft sehr kalt und haben wir viel Schnee. Die Stadt selbst ist klein und hat zwanzigtausend Einwohner. Sie ist schön, aber es ist nicht besonders viel los! Wir haben ein Sportzentrum, aber kein Kino und keine Disko. Das Rathaus ist schön und der Marktplatz auch. Von unserem Haus kann man in ungefähr 15 Minuten zu Fuß in die Stadtmitte gehen. Ich schicke Dir ein paar Ansichtskarten von der Stadt mit - aber vielleicht kommst Du ja nächstes Jahr zu uns, und kann ich Dir alles zeigen.

Schreib mir bald! Viele Grüße - auch an Deine Mutter!

Heike

Heike

Wir wohnen in einem kleinen Haus am Stadtrand.

Hast du verstanden?

1 Answer the following questions about Heike's letter in English:

a Describe Heike's house and its layout.
b What does she say about the kitchen?
c Are both her parents keen gardeners?
d What does she say about the size of her town?
e What does she say about its location?
f What does she say about its facilities?
g Describe the climate there in winter.
h How long does it take to get to the town centre?

i What does she enclose in her letter?
j What suggestion does she make at the end of her letter?

2 Wie sagt man das auf Deutsch?

a I hope you are better again.
b Today I'd like to tell you about our house.
c We get a lot of snow in winter.
d I'll be able to show you everything.
e There's not much going on.
f Best wishes – to your mother as well.

◆ Wie ist das Wetter?

Das Wetter	ist war	herrlich *glorious* schön kalt/heiß scheußlich *ghastly* Mist *filthy*
Wir haben hatten	viel	Sonne Regen Wind Schnee Gewitter *thunder, storms* Nebel *mist, fog*

Das Wetter ist scheußlich.

Du bist dran!

3 Write three sentences in German using
the words below:
  a today
  b yesterday
  c on your last holiday

◆ Der Brieffreund schreibt

Lieber Mark!

Vielen Dank für Deinen Brief. Es freut mich, daß Du auch an dem Austausch teilnimmst.

Ich wohne mit meiner Oma (meine Eltern sind tot) in einer Dreizimmerwohnung im dritten Stock eines neuen Wohnblocks. Vom Balkon haben wir eine schöne Aussicht auf das Stadtzentrum mit den Kirchen, großen Kaufhäusern und der neuen Fußgängerzone. Ich finde es toll, aber meine Oma sagt immer: „Vorher war alles viel schöner und gemütlicher." Unten im Keller stehen die Waschmaschine und mein Rad. Natürlich fahren wir immer mit dem Fahrstuhl.

Wenn Du zu uns kommst, mußt Du in meinem Schlafzimmer schlafen. Hoffentlich macht Dir das nichts aus. Oma hat gesagt, wir können eine Radtour in den Schwarzwald machen. Prima, nicht?

Mach's gut!
Dein Dirk

Natürlich fahren wir immer mit dem Fahrstuhl.

Stimmt das?

4 Below are ten statements about Dirk's letter. Tick those that are true. Correct those that are false.

a Dirk lives with his aunt.
b Mark is his new exchange partner.
c Dirk lives in a third-floor flat.
d The flat is an old converted house.
e You get a great view over the town centre.
f Oma thinks that the town centre has improved.
g They keep the washing machine and bike in the cellar.
h The lift is always out of order so they have to walk up.
i Mark will have his own room when he visits.
j They will go on a bike trip to the Alps.

Wie sagt man das auf Deutsch?

5
  a I'm pleased.
  b I think it's great.
  c I hope you don't mind.
  d Take care!

◆ Wo wohnst du?

6 Use the tables below to write *one* sentence about each of the following in German:
  a where you live
  b what your house consists of
  c where it is
  d whom you live with
  e the view
  f what your town/village has to offer
  g how far the town centre/your school etc are away

Where you live

| Ich wohne
Wir wohnen | in einem | kleinen
großen
mittelgroßen
schönen
alten
neuen
modernen | Haus
Einfamilienhaus
Reihenhaus
Doppelhaus
Bungalow
Wohnblock |
| | in einer | | Wohnung |

Wir wohnen in einem Reihenhaus.

What your house consists of

Wir haben	ein großes		Wohnzimmer Eßzimmer Badezimmer
	drei kleine		Schlafzimmer
	eine große		Küche
	einen	schönen kleinen	Garten

Where it is

Ich wohne Wir wohnen Unser Haus ist	in der Stadtmitte im Stadtzentrum am Rande der Stadt in einem Dorf in einem Vorort von *in a suburb of* auf dem Lande

Wir wohnen auf dem Lande.

Who you live with

Ich wohne	mit bei	meinen Eltern und Geschwistern zusammen meiner Familie meiner Mutter meinem Vater meiner Oma

The view

Von	meinem Schlafzimmer unserem Haus unserer Wohnung	habe ich haben wir	eine schöne Aussicht auf	die Stadt die Berge das Land den Wald

What your town/village has to offer

In der Stadt Im Dorf In der Nähe	gibt es	(k)ein	Sportzentrum Schwimmbad Hallenbad/Freibad Kino Theater Rathaus Schloß
		(k)einen	Marktplatz Park Dom Turm
		(k)eine	Disko
		viele	Kinos Gasthäuser Kaufhäuser *shops/stores* Fabriken

How far is/are . . .

Die	Stadtmitte Schule	ist ungefähr *about*	10 Minuten eine Stunde	zu Fuß mit dem Bus mit dem Auto	entfernt
Das Sportzentrum					

7 Now use the tables to work out in German what Sharon would say about where she lives and what it is like. Begin like this:

Ich wohne in einem modernen Haus . . .

Sharon lives in a modern house, in a suburb of Sheffield, with her mother and granny. The house has a living room, a dining room, three bedrooms, a kitchen and a bathroom. Nearby are a park, an outdoor swimming pool and lots of pubs, but there is no disco. She has a view over the town from her bedroom. The town centre is a 20-minute bus ride away.

Du bist dran!

You are now ready to write a letter in German about where you live. Use the tables to help you and remember your word order rules! Write about 70 words. Include the following points:

Start the letter with the date and a suitable greeting (*Liebe(r) . . . .*)
Thank him/her for their letter.
Say that you hope s/he is well.
Describe your house and where you live.
Describe your town/village.
Say you hope s/he comes to your house next year.
Ask him/her to write soon.
Sign off with a suitable ending.

◆ Satzbau

Hoffentlich *geht's* dir besser.
Vielleicht *kommst* du nächstes Jahr.
Vom Balkon *haben* wir . . .
Hoffentlich *macht* dir das nichts aus.

Remember that in a German sentence the verb (the doing word) must be the second idea. This means that sometimes you have to change the verb and subject round.

8 In the following sentences put the words in bold type at the beginning of the sentence. Change the verb position!

a Ich schreibe **heute** über meine Stadt.
b Es geht deiner Mutter **hoffentlich** besser.
c Ich fahre vielleicht **nächstes Jahr** nach Österreich.
d Ich habe eine schöne Aussicht auf die Stadt **von meinem Zimmer**.
e Es gibt ein altes Wasserschloß **in der Nähe**.

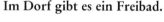

Im Dorf gibt es ein Freibad.

◆ Der Brieffreund schreibt

Schriesheim, den 12 März

Lieber Darren,

recht herzlichen Dank für Deinen letzten Brief. Was Du über Deine Stadt und Dein Zuhause geschrieben hast, fand ich besonders interessant, weil ich ja im Juli kommen werde. Ich freue mich sehr auf meinen Besuch. Du hast mir auch geschrieben, daß Du krank warst. Hoffentlich hast Du Dich jetzt wieder erholt.

Ich fürchte, daß es hier gar nicht so schön und interessant ist wie in Chester. Schriesheim ist ein Dorf zwischen Mannheim und Heidelberg. Es hat selbst nicht viel zu bieten. Für die Touristen gibt es zwar einen niedlichen Marktplatz und eine alte Burg in den Bergen in der Nähe (todlangweilig!), aber nicht viele Freizeitmöglichkeiten, außer dem Sportverein und den vielen Gasthäusern (mein Vater hat mir versichert, daß es hier etwa dreißig gibt!). Wenn man ins Kino oder tanzen gehen will, muß man mit der Straßenbahn nach Mannheim oder Heidelberg fahren, und dann hat man Probleme nach Hause zu kommen, wenn es sehr spät ist. In anderthalb Jahren kann ich den Führerschein machen, Gott sei Dank! Aber ich finde es auch nicht so gut, immer von einem stinkenden Auto abhängig zu sein! Genau das ärgert im Augenblick auch meinen Vater: für ihn gibt es im Dorf keine Arbeit, und deshalb muß er jeden Tag in die Großstadt pendeln. Die endlose Fahrerei geht ihm langsam auf die Nerven.

Wir leben dicht am Odenwald, wo ich gelegentlich spazierengehe, aber der Wald hat sich in der letzten Zeit sehr geändert. Viele Bäume sterben wegen des sauren Regens, und das merkt man überall. Obwohl wir auf dem Lande leben, ist die ganze Umgebung sehr verschmutzt: der Rhein (der Mannheim und Ludwigshafen trennt) ist ziemlich verschmutzt. Das liegt an der vielen Industrie im Süden. Die Luft ist oft sehr schlecht wegen der großen Chemiewerke BASF in Ludwigshafen. Die Grünen machen echt Zoff deswegen, und ich finde, sie haben total recht!

Es klingt ziemlich negativ, was ich geschrieben habe, nicht wahr? Wenn Du im August bei uns zu Besuch bist, kannst Du selber alles beurteilen - auch die Gasthäuser! Wie meine Mutter sagt, hat das Dorfleben auch Vorteile: jeder kennt den andern und man ist nie allein. Aber Vorteile und Nachteile gibt's überall, nicht?

Meine Eltern lassen Dich schön grüßen,

Herzliche Grüße,

Michael.

Hast du verstanden?

10 Answer the following questions about Michael's letter in English:

a Why does Michael find Darren's letter particularly interesting?

b Why does he write 'Hoffentlich hast Du Dich wieder erholt'?

c What does Schriesheim offer the tourist?

d What leisure facilities does it have?

e What is the problem about going to the cinema in Mannheim or Heidelberg? Why has his father got fed up too?

f What does he notice when he goes walking in the Odenwald?

g What environmental problems does the area have? What are their cause?

h What is Michael's comment on 'die Grünen'?

i What is one of the advantages about living in a village such as Schriesheim?

Die Straßenbahn

Viele Bäume sterben wegen des sauren Regens.

◆ Deine Heimat: Vorteile und Nachteile

Here is a list of good and bad things about living in Schriesheim:

Vorteile 👍	Nachteile 👎
schöne Umgebung	schlechte Luft
viele Gasthäuser	viele Gasthäuser (es kommt auf den Standpunkt an!)
jeder kennt sich	nichts zu tun
klein	kein Kino
niedlicher Marktplatz	der Wald stirbt
alte Burg	schlechte Verkehrsverbindungen
ein Sportverein	

Landleben

Vorteile	Nachteile
schöne Umgebung frische Luft jeder kennt den nächsten gesundes Leben frisches Gemüse vom Garten keine Industrie	nichts los keine öffentliche Transportmittel nichts ist privat wenige Freizeitmöglichkeiten keine Einkaufsmöglichkeiten keine Arbeit

Du bist dran!

11 Write a list of the five good things and five bad things about where you live. Use the material above to help you.

◆ Satzbau mit wenn, daß, wo

> Remember that in a clause beginning with *daß*, *wenn* or *wo*, the verb goes at the end of the clause:

12 Complete the following sentences. All the vocabulary you need is in this unit.
a Es tut mir leid, daß *(your mother is ill)*.
b Es tut mir leid, daß *(you cannot come to us in July)*.

c Du hast mir geschrieben, daß *(you are going on a bike tour in August)*.
d Meine Mutter hat gesagt, daß *(we can go dancing)*.
e Nebenan ist ein Wald, wo *(I often go for a walk)*.
f Man muß in die Stadtmitte fahren, wenn *(you want to go shopping)*.
g Wir haben einen Sportverein, wo *(I often play football)*.
h Mein Vater geht oft in die Kneipe, wenn *(my granny comes to visit)*.

Du bist dran!

13 Write a letter to a new penfriend describing your home and where you live. Mention some of the problems of the immediate environment. Include the following points:
- Say that you were pleased to hear about their town/village and you are looking forward to your visit there.
- Describe your house/flat.
- Describe your town/village/suburb and the amenities it does or doesn't offer.
- Describe at least two negative things/ environmental problems that afflict where you live.
- Describe two positive things about living there.
- Sign off with a suitable greeting to their parents (**an deine Eltern**)
- Include at least two sentences using a **wenn**, **daß** or **wo** clause.

◆ Wie man uns sieht

Die Lieblingsbeschäftigung der Briten: schön ordentlich Schlange stehen.

The British through German eyes: Renate, a German assistant at a school in Bristol, writes home to a friend with her comments on the British and some of their funny customs:

Bristol, den 15.4

Hallo Babsi,

endlich habe ich Zeit, Dir zu schreiben. Mann oh Mann, die Briten halten mich ganz schön auf Trab! Ich komme aus dem Staunen nicht raus.

Eigentlich halte ich nichts von Vorurteilen, aber irgendwie spinnen die schon ein bißchen, die Briten!

Zum Beispiel, wenn sie nachmittags – wie jedem bekannt – auf ihren "tea" freuen, dann nicht nur wegen des ach so beliebten Getränks, sondern hauptsächlich wegen des Essens (meistens labbrige Sandwiches). Das Essen überhaupt: Kannst Du Dir Essig auf Pommes Frites vorstellen? Ist ganz normal hier. Ich glaube, ohne Essig wären "Fish and Chips" eh tödlich . . ., man fühlt sich hinterher, als ob man eine Flasche Öl ausgetrunken hätte.

Du fragst, ob die Engländer tatsächlich so fußballbegeistert sind? Und wie! Am Samstagnachmittag hängen alle vor der Glotze; aber das ist ja bei uns auch nicht anders, oder?

Und weißt Du, was die Lieblingsbeschäftigung der Briten ist? Schön ordentlich Schlange stehen. Sogar an der Bushaltestelle!

Was ich aber echt schlimm finde, ist daß die Leute so achtlos Müll auf den Boden werfen. Die Straßen sind oft sehr dreckig.

Und dann noch das Wetter! Also da werd' ich noch ganz trübsinnig hier. Nichts als Regen, Wolken und Wind. Und warm ist es auch nicht richtig, obwohl schon April ist. Daheim laufen alle sicher schon mit kurzen Hosen rum, oder?

Aber einige Dinge sind eigentlich nicht so schlecht. Die Leute rauchen weniger als bei uns, weil sie es doof, ungesund und unsportlich finden. Das sollte bei uns auch bald sein, nicht wahr? Und noch eins: Sie sind auch echt freundlich und quatschen echt schön im Bus, was bei uns weniger passiert.

Ich freue mich total auf daheim! Hoffentlich hat unser Schwimmbad schon auf, wenn ich komme.

Bis bald,

Deine Renate

Hast du verstanden?

Answer the questions about Renate's letter to Babsi:

a What does Renate find odd about "tea"?

b What does she find amazing about the way the British eat fish and chips?

c What does she say about the Great British Saturday Afternoon?

d What is one of the favourite British hobbies?

e What aspect of British behaviour does she find really bad?

f What else does she complain about with regard to Britain?

g She says two positive things about the people. What are they?

Wie sagt man das auf Deutsch?

a I never cease to be amazed

b football mad

c what I find really bad

d stupid

e I'm really looking forward to coming home

◆ Brief aus Berlin: die Umweltsituation

Berlin, den 30. Mai

Liebe Sheila!

Danke für Deinen letzten Brief, in dem Du etwas über die Umweltsituation in Berlin wissenwolltest. Ich versuche jetzt alles zu erklären so gut ich es kann.

Wie Du weißt wohne ich im östlichen Teil Berlins, in der ehemaligen DDR. Die alte Regierung hat sich wenig um die Umwelt gekümmert – wirtschaftlicher Gewinn hat an erster Stelle gestanden. Niemand hat vor Umweltverschmutzung gewarnt und die Arbeiter haben geglaubt, daß alles in Ordnung wäre. Jetzt sehen wir, daß wir unsere Erde fast zerstört hätten, und immer mehr wollen dagegen kämpfen.

Ein großes Problem ist die Luftverschmutzung. Wir bekommen unsere Energie meistens aus Braunkohle die Schwefeldioxid ausstößt. Schwefeldioxid ist bekannt als Hauptursache für das Waldsterben. Wir haben auch immer mehr Verkehr in der Stadt. Du hast vielleicht von unseren Trabis gehört, die unwahrscheinlich viel Schmutz zum Auspuff hinausblasen. Unsere Luft wird immer dicker, immer schlechter, und die Menschen werden immer kränker.

Ein weiteres Problem für die Stadt Berlin ist die Entsorgung des Haus- und Sondermülls. Es gibt soviel! Das Problem ist „Wohin damit?" Wenn wir nicht schnell eine Lösung finden, dann ersticken wir Berliner im Müll.

Mit der Wasserversorgung ist es auch so eine Sache: Wir verbrauchen einfach zuviel Wasser: es steht uns ja doch nicht unbegrenzt zur Verfügung. Richtig sauber kann das Wasser ja nicht mehr sein, weil Luft und Boden voller Schadstoffe sind.

Aber es lohnt sich trotzdem, Berlin zu besuchen! Und soviel ich gesehen habe, sind andere Weltstädte wie Frankfurt oder London auch nicht besser. Aber komm ruhig her, und gib mir die Gelegenheit, Dir unsere liebe, schmutzige hektische Stadt zu zeigen!

Laß bald was von Dir hören! Es grüßt Dich ganz lieb

Deine Martina

Stimmt das?

14 Which of the following statements about Martina's letter are true?

a Martina lives in what used to be called West Berlin.

b The previous government was very concerned about environmental issues.

c Nobody warned the people about environmental pollution.

d Nobody is interested in doing anything about the destruction of the earth.

e The death of the forests is linked to the production of petro-chemicals.

f Most of the energy used comes from lignite.

g The type of cars driven contributes to air pollution.

h Berlin has found a radical new device for disposing of household waste.

i The provision of good plentiful water is one thing the city doesn't have to worry about.

j Martina thinks that London and Frankfurt are probably better than Berlin.

◆ Goslar – Unser Paradies im Harz

Das Harzgebirge ist bekannt als eine der reizendsten und schönsten Ecken Europas: Hohe Berge von über 1200 Meter, große Talsperren und Seen, schöne Tannenwälder, tiefe grüne Täler, aufregende Wasserfälle und reizvolle Bäche. Hier kann man wunderbare Wanderungen machen, angeln (die Bäche sind voller Forellen und allerlei anderer Fischarten), schwimmen und segeln. Motorboote kann man am Okersee mieten. Im Winter ist die Gegend ein Skiparadies mit Pisten fur Anfänger sowie für erfahrene Skiläufer.

Diejenigen, die für Pferde schwärmen, haben wir auch nicht vergessen. Man kann überall reiten: für seine weißen Pferde ist das Harz berühmt. Man kann auch viel Wild sehen, denn Rehe und Hirsche sind überall im Wald.

Als Reiseziel ist Goslar zu empfehlen. Die Stadt bietet dem Touristen eine freundliche, ruhige Unterkunft und entweder Haute Cuisine oder gut bürgerliche Küche in den vielen Restaurants und Gasthäusern. Wer sich für Geschichte interessiert, kann auch reizende Tage in Goslar verbringen. Als mittelalterliche Stadt bietet Goslar ein kaiserliches Schloß, ein gotisches Rathaus und uralte Stadtmauern um die Altstadt.

Man hat also in Goslar das Stadtleben und die bildschöne Landschaft des Harzgebirges nur einen Katzensprung entfernt. Kommen Sie doch mal und verbringen Sie eine Weile bei uns! Sie werden es bestimmt nicht bereuen!

The above extract comes from a tourist leaflet about the Harz mountains and the town of Goslar. The tables opposite show you how to describe such a place to a tourist or visitor.

Goslar: Paradies im Harz.

Wohin?

Als	Reiseziel	ist	Goslar	zu empfehlen
	Ferienort	würde ich	das Harzgebirge	empfehlen

Was gibt es zu sehen?

Wir haben Die Stadt bietet	die Altstadt das Rathaus das Schloß die Burg die Stadtmauer die Kirche den Dom das Museum (die Museen)

Was gibt es zu tun?

In Goslar Im Harz	kann man	segeln schwimmen skilaufen reiten Wanderungen machen Motorboote mieten

Wo man übernachten und essen kann

In (Goslar) gibt es	viele	ruhige/gute/schöne/gepflegte	Unterkünfte Hotels Gasthäuser Pensionen Fremdenzimmer (B&B) Restaurants

Im Harz kann man Wanderungen machen.

Du bist dran!

5

a Write a paragraph describing a tourist attraction you know using the tables above and the example from Goslar to help you.

b Write a letter describing your town/village/city/area of the country to send to the magazine of your link city or your twin town, painting it in the best light you can.

Include the following points:

- Where is it in relation to other places/the rest of the country?
- Describe its size and what sort of place it is.
- What is there to see?
- What is there to do?
- Describe some of its special points.
- Invite the readers of the letter to come and enjoy it for themselves.

◆ Wie man als Tourist Auskunft bekommt

An das Verkehrsamt
Postfach 1056
D-8900 Augsburg

. . ., den . . . . . .

Sehr Geehrte Damen und Herren!

Meine Familie und ich verbringen im Juli einige Tage in
Augsburg und möchten Sie um Auskünfte bitten.

Wir möchten gern wissen, was es während dieser Zeit in
Augsburg und Umgebung zu sehen und zu tun gibt, und was es
für Unterkunftsmöglichkeiten gibt. Wir haben auch
gehört, daß während dieser Zeit ein Bierfest in der Nähe
stattfinden soll. Könnten Sie mir bitte mehr
Informationen geben?

Ich wäre sehr dankbar, wenn Sie mir auch einen Stadtplan
schicken könnten. Ich füge einen internationalen
Antwortschein bei.

Hochachtungsvoll

P. Smith

An das Verkehrsamt
Postfach 867
D-8500 Nürnberg

. . ., den . . . . . .

Sehr geehrte Damen und Herren,

ich habe die Absicht, eine Woche in Nürnberg zu
verbringen, und möchte gern Auskünfte über die Stadt und
die nähere Umgebung haben. Könnten Sie mir bitte einige
Broschüren oder Prospekte und einen Stadtplan schicken?

Anbei finden Sie einen internationalen Antwortschein.
Ich bedanke mich im voraus bei Ihnen.

Hochachtungsvoll

Martin White

Hast du verstanden?

16 Answer the following questions in English about the two letters to tourist information offices:
a What information is Mr. White requesting?
b What does he want the office to send him?
c What does he enclose?

d When is Mrs. Smith visiting Augsburg?
e What is she wanting to know?
f She asks for information about a particular event. What is that?
g What does Mrs. Smith request the office to send as well?

Wann und wo du hinfährst

		time			place in ... zu verbringen
Ich habe Wir haben	die Absicht,	eine Woche einige Tage	im	Juli Sommer	
Ich verbringe Wir verbringen					in ...

Die Auskunft, die du brauchst

Ich möchte gern Auskünfte über	die Stadt *town* das Dorf *village* die Gegend *district* die (nähere) Umgebung *surrounding area* die Unterkunftsmöglichkeiten *accommodation*	bekommen

Was du gerne als Geschenk bekommen möchtest

Könnten Sie mir bitte	einige	Broschüren Prospekte	schicken
Ich wäre sehr dankbar, wenn Sie mir	einen eine	Stadtplan Liste der Restaurants	schicken könnten
	Auskünfte über	Restaurants die Sehenswür- digkeiten *sights* das Bierfest das Weinfest	

Was du gerne wissen möchtest

Ich möchte gern wissen,	was es in	zu tun zu sehen für Unterkunftsmöglichkeiten	gibt
	wann die	Geschäfte *shops* Museen	aufhaben *are open*
		Burg	aufhat

Was du beilegst

Anbei finden Sie einen	internationalen Antwortschein
Ich füge einen	Umschlag für Ihre Antwort bei

Wie man sich bedankt

Ich bedanke mich im voraus bei Ihnen *in advance*
Ich danke Ihnen im voraus

Ich möchte gern wissen was es fi...
Unterkunftsmöglichkeiten gibt.

Du bist dran!

17 You are intending to stay in Cochem in the summer. Write to the local tourist information office, saying you are enclosing an international reply paid coupon and thanking them in advance. Request the following:
- information about the town and its surroundings and accommodation.
- a map of the town and a list of restaurants.

18 You and your family are spending a week in the Black Forest (**im Schwarzwald**) at Neustadt. You write to the local tourist information office, saying you would like to know what there is to do there and that you enclose an international reply paid coupon. Thank them in advance. Request the following:
- information about the town and the area.
- leaflets about the sights.
- a map of the town.

Schule, Arbeit und die Zukunft

◆ Die Brieffreundin schreibt

> Dudweiler, den 18. April
>
> Hallo Tracy,
>
> vielen Dank für Deinen Brief. Es war recht interessant. Wie geht es Dir? Mir geht es sehr gut
>
> Heute schreibe ich von der Schule. Ist sie wie Deine Schule? Ich besuche eine Realschule, und sie hat etwa achthundert Schüler und Schülerinnen. Ich bin in der neunten Klasse, und meine Klassenlehrerin (die auch meine Englischlehrerin ist) heißt Frau Kröger. Sie ist nett, und ich mag sie sehr. Die Schule beginnt um Viertel vor acht. Ich muß um sechs Uhr aufstehen und mit der Straßen- bahn zur Schule fahren. Wir haben sechs Stunden am Tag. Um Viertel nach neun ist eine Pause, und um elf Uhr ist die große Pause. Die Schule ist um ein Uhr aus, aber am Nachmittag muß ich viele Hausauf-

geben machen. Wir müssen auch am Samstag in die Schule. Ich habe Deutsch, Englisch, Physik, Mathe, Chemie, Erdkunde und Geschichte. Ich habe Deutsch und Englisch gern aber Mathe mag ich gar nicht gern. Der Mathelehrer ist sehr streng, und ich mag ihn überhaupt nicht. Geschichte habe ich am liebsten. Ich finde es recht interessant.

Die Schule macht mir Spaß. Wie findest Du die Schule?

Herzliche Grüße – auch an Deine Familie

Deine Margit

Hast du verstanden?

1 Answer the following questions about Margit's school in English:

a How many pupils attend the school?
b Which form is she in?
c What is her opinion of Frau Kröger?

d What subject does Frau Kröger teach?
e What time does Margit have to get up?
f How does she get to school?
g What time does school begin and end?
h What does she have to do in the afternoon?
i Which school subjects does she like and dislike?
j Which is her favourite subject?

Das Klassensystem in deutschen Schulen

Age of Pupil	Name of Form
10/11	Fünfte Klasse
11/12	Sechste Klasse
12/13	Siebte Klasse
13/14	Achte Klasse
14/15	Neunte Klasse
15/16	Zehnte Klasse
16/17	Jahrgangstufe 11
17/18	Jahrgangstufe 12
18/19	Jahrgangstufe 13

◆ Über die Schule

Wie du in die Schule fährst

Ich gehe Ich komme		in die Schule
	zu Fuß mit der Straßenbahn	
	mit dem Rad mit dem Bus mit dem Auto	

Welche Fächer lernst du gerne – und nicht so gerne

| Ich habe | Deutsch *German*
Englisch *English*
Mathe *Maths*
Französisch *French*
Geschichte *History*
Erdkunde *Geography*
Biologie *Biology*
Chemie *Chemistry*
Physik *Physics*
Kunst *Art*
Werken *Craft* | am liebsten
sehr gern
gern
nicht gern
gar nicht gern
überhaupt nicht gern |
| Ich finde | | Klasse *great*
ausgezeichnet
recht interessant
in Ordnung *O.K.*
langweilig
nicht so gut
Mist *rubbish*
eine Katastrophe! |

Die Schule ist um ein Uhr aus.

Die tägliche Routine in der Schule

beginnt um _____ (Time)
begins
Die Schule ist um _____ aus *finishes*
Die Pause ist um _____

Du bist dran!

2
a Say how you get to school. *Ich komme . . .*
b Say which subjects you like and dislike. *Ich habe . . .* or *Ich finde . . .*
c Say when school begins, ends and when the breaks are.

3 Write a sentence about each of the following, saying if you like or dislike them:
a Your best friend
b Your brother/sister
c Your teacher
d Your worst enemy!

Ich mag sie sehr.

Was du sagst, wenn du jemanden magst

Ich mag	ihn *him* sie *her* sie *them*	sehr gern nicht gar nicht überhaupt nicht
Er/Sie ist	nett *nice* sympathisch *nice* lustig *fun/a good laugh* streng *strict* nicht sehr nett *not very nice*	

◆ Was mußt du machen?

Ich muß	um sechs Uhr aufstehen	
	mit der Straßenbahn in die Schule	fahren
	viele Hausaufgaben machen	

Remember, the infinitive verb goes at the end!

4 Answer the following questions about school in German:
   a Wann mußt du aufstehen?
   Ich muß um _____ aufstehen.
   b Wann mußt du in die Schule kommen?
   Ich muß um _____ kommen.
   c Mußt du Mathe machen?
   Ich muß _____ machen.
   d Mußt du Englisch machen?
   e Mußt du Hausaufgaben machen?

5 Write down three sentences of your own beginning *Ich muß . . .*

Du bist dran!

6 You can now write your own letter about your school, your teachers and your school subjects. You may wish to use the plan on the right to help you.

> die Gesamtschule: *Comprehensive school*
> das Gymnasium: *Grammar school*

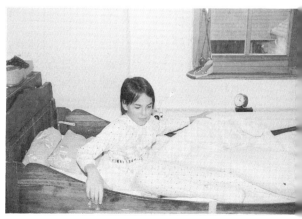

Ich muß um sechs Uhr aufstehen.

> Liebe(r) ....,
>
> danke für Deinen Brief. Jetzt erzähle ich Dir von meiner Schule.
> Ich besuche _____ (*type of school*).
> Die Schule hat _____ Schüler und Schülerinnen. Ich bin in der _____ en Klasse und mein(e) Klassenlehrer(in) heißt _____
> Sie/er ist _____ (*describe them*)
> Die Schule beginnt um _____ und ist um _____ aus.
>
> Ich mache _____ (*your school subjects*) in der Schule.
> Ich _____ (*say which you like and dislike*).
>
> Ich finde die Schule _____ . Ich mag sie _____ (*give your opinion of school*).
>
> Ist unsere Schule wie Deine?
> Schreib bald wieder!
> Dein(e) _____

◆ Ein Brief von Gisela

Gisela and her school friends go on the school
trip to the Dolomites. She writes home to her
parents . . .

Liebe Mutti, lieber Vati!   Bozen den 17 Januar

Vor vier Tagen sind wir endlich kurz vor Mitternacht hier in Bozen
angekommen. Es war eine lange Fahrt durch Österreich und dann bis in die
Dolomiten in Südtirol (das ist schon in Italien). Unser Schullandheim liegt
zwei Kilometer östlich von Bozen und zehn Kilometer nördlich von Trient.
Man spricht hierum zwar Deutsch - aber einen fürchterlichen Dialekt!
Am Sonntag haben wir eine furchtbar anstrengende Wanderung in den
Bergen gemacht. Herr Dutzi, der Gruppenleiter, ist echt mürrisch und streng
und hat uns richtig gehetzt. Ich habe ganz kalte Füße bekommen, und ich war
am Ende total kaputt. Am Montag sind wir skilaufen gegangen (das war besser),
und gestern sind wir nach Trient gefahren, wo wir ein bißchen eingekauft haben.
In Trient spricht man Italienisch, und es hat mir unheimlich viel Spaß gemacht,
in den Geschäften mein Italienisch zu üben.
Heute machen wir einen Ruhetag hier im Schullandheim - hier ist ein tolles
Freibad und auch ein Raum, in dem man Tischtennis und Billiard
spielen kann. Wir müssen jeden Tag Hausdienst machen, z.B. mußten Anke
und ich heute den Flur und die Schlafräume saubermachen. Ihr wißt, wie
mir so was stinkt - aber nein sagen kann man ja auch nicht!
Es gefällt mir unheimlich gut hier. Schade, daß wir nur zehn Tage bleiben.
Wir fahren am Dienstag wieder ab und kommen um ungefähr dreiundzwanzig
Uhr in Erlangen an. Vergeßt nicht, mich abzuholen!
_ Grüßt die Oma schön von mir.

   Schöne Grüße und Küsse von
   Eurer Gisela.

Hast du verstanden?

7 Answer the following questions in English about Gisela's letter:
  a What time did the class arrive at Bozen?
  b Where is that?
  c What languages do the people in that area speak?
  d Who is Herr Dutzi and what does Gisela think of him?
  e What have the group been doing since their arrival?
  f What does the Schullandheim itself have to offer?
  g What have Anke and Gisela been doing together? Does she like that?
  h When and on what day are they arriving home?

◆ Eine Postkarte von Anke

Anke has only managed to send a postcard to her parents:

Bozen, den 20. Januar

Schöne Grüße aus Bozen sendet Euch
Anke! Wir hatten eine schreckliche Fahrt
(todlangweilig!), aber das Schullandheim
liegt ganz toll hoch in den Bergen, und wir
sind auch schon wandern (wunderbar)
und Ski laufen gegangen. Herr Dutzi,
der Gruppenleiter, ist sehr nett, und es
ist echt stark hier! Wir sind am
Dienstag um 22 Uhr zurück. Seid
bitte da! Viele Küsse!

Tschüs,
Anke.

Herr u. Frau
Metz
103 Römerweg
Erlangen
W 8520

Wir sind schon Skilaufen gegangen.

Hast du verstanden?

8 Answer the following questions in English about Anke's postcard:
  a What does Anke say?
  b How does it differ from Gisela's account?
  c The information she gives to her parents is different too. How?

9 You are on a school journey. Fill in the blanks in the following postcard to send to your penfriend in Germany:

..........Grüße aus..........(place) sendet Dir......
Wir sind..........(say when) (im Schullandheim/
Hotel/in der Jugendherberge)in.......... gut
angekommen. Wir haben schon (Wanderungen/
Besichtigungen/Einkäufe( )) gemacht. .... ist
sehr..........(schön/interessant/toll/langweilig).
Morgen gehen wir..........(schwimmen/skilaufen/
bergsteigen/wandern). Toll, nicht?
Schöne Grüße und Küsse von ....

◆ Was möchtest Du werden?

Liebe Karola!

Danke für Deinen Brief. Was Du von der Schule erzählst, ist ganz interessant, aber ich finde es nicht so gut, daß Du so früh aufstehen mußt. Du fragst, was ich nach der Schule machen möchte. Ich weiß noch nicht genau, was ich werden will. Vielleicht Zahnarzthelferin. Aber in einem Büro oder in einer Fabrik möchte ich nicht arbeiten! Meine Schwester möchte Elektrikerin werden oder eine Lehre als Automechanikerin machen, denn sie will etwas Handwerkliches machen. Aber das interessiert mich nicht so sehr. Du schreibst, Du willst Lehrerin werden. Mußt Du dafür sehr lange studieren?

Alles Gute

Deine Julie

Meine Schwester möchte Elektrikerin werden.

Stimmt das?

10 Below are seven statements about Julie's letter. Correct those that are false.

a Julie doesn't like the idea of having to get up so early.

b She would like to be a doctor's receptionist when she leaves school.

c She likes the idea of working in an office.

d Her sister wants to be an electrician or a car mechanic.

e Julie is also interested in mechanical work.

f Karola has written that she wants to be a teacher.

g Julie asks if being a teacher is well paid.

11 Wie sagt man das auf Deutsch?

a I don't know yet what I would like to be.

b I wouldn't like to work in a factory.

c I'm not so interested in that.

Was möchtest Du werden?

Ich	will möchte *would like*	Zahnarzthelfer(in) Elektriker(in) Lehrer(in) Automechaniker(in) (*see list of jobs on page 11*)	werden

Welche Ausbildung?

Ich	will möchte	eine Lehre als	Elektriker(in) Automechaniker(in)	machen

Wo möchtest du arbeiten oder studieren?

| Ich will
Ich möchte | (nicht) | in einer Fabrik
   einem Büro
   einem Geschäft *shop/business* | arbeiten |
| | | auf die Berufschule *technical college*
zur Universität | gehen |

Du bist dran!

12 Was willst du werden?

a Write down two sentences saying what you want to do when you leave school.

b Ask your friend or neighbour what they would like to do and write down their answers.

Ich will zur Uni gehen.

◆ Mein Beruf – was ich werden will

13 What do the following teenagers say about their plans for the future?

Ich will Stewardeß werden. Bei diesem Beruf kommt man viel mit anderen Leuten zusammen. Man reist viel. Also, man kommt viel in der Welt herum.

Ich weiß zwar noch nicht was ich werden will, aber auf die Uni möchte ich nicht!

Ich möchte Arzt werden, weil ich das interessant finde, und weil man gut verdient!

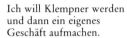

Ich will Klempner werden und dann ein eigenes Geschäft aufmachen.

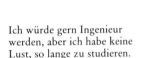

Ich würde gern Ingenieur werden, aber ich habe keine Lust, so lange zu studieren.

◆ Die Brieffreundin schreibt

Ich bin ganz schön faul in der Schule.

Hamburg, den 25. November

Lieber Christopher!

Danke für Deinen Brief. Du fragst, was ich so den
Tag über mache? Ich werde es Dir erzählen.
Naja, mein Tag sieht so aus:
Ich stehe um 6 Uhr auf, weil wir um halb sieben
frühstücken und ich um sieben mit der Straßenbahn in die Stadt fahren muß. Zum Glück ist die
Straßenbahnhaltestelle um die Ecke, und da treffe
ich einige Schulkameraden. In der Straßenbahn
quatschen wir oder schreiben die Hausaufgaben
voneinander ab!
Die erste Stunde fängt um Viertel vor acht an
(heute hatten wir zuerst Deutsch - todlangweilig!),
und dann geht es so weiter: eine Stunde, fünf
Minuten Pause, eine Stunde, zehn Minuten Pause,
noch zwei Stunden bis zur sechsten und letzten
Stunde. Gott sei Dank!
Die meisten Stunden sind langweilig, aber heute
hatten wir Religion und das ging, weil wir eine ganz
gute Diskussion hatten. Der Lehrer ist ganz auf-
geschlossen und modern, und wir haben ein sehr
gutes Verhältnis zu ihm. Ihn dürfen wir duzen, was
bei uns ziemlich ungewöhnlich ist.
Um 13.00 Uhr ist die Schule aus - dann gehen Paul,
Katja und ich ins Cafe, bevor wir nach Hause fahren. Ich bin ganz schön faul in der Schule, weil
ich weiß, daß ich sowieso nie einen Studienplatz
auf der Uni bekommen werde. Ich möchte auch keinen! Meine Schwester hat nämlich schon das Staats-
examen mit 1,3 gemacht und kann selbst nach ihrer
Referendarzeit immer noch keinen Job in der Schule
kriegen. Ich möchte lieber zur Berufschule. Aber mein
Freund Paul ist sehr fleißig (und auch begabt), weil er
unbedingt auf die Uni will (er will Jura studieren). Was
möchtest Du nach Deinen Prüfungen machen? Habt
Ihr eine gute Berufsberatung in der Schule?
So, wie ist mein Leben im Vergleich zu Deinem, und wie
ist Dein Leben im Vergleich zu meinem? Mach's gut!

Deine Kirsten

Hast du verstanden?

14 Answer the following questions in English about Kirsten's letter:

a What time does she have breakfast and catch the tram?

b What do she and her friends do on the tram?

c What does she think of her German lesson?

d What does she think of her religious studies teacher?

e What is rather unusual about his relationship with the class?

f What do Kirsten and her friends do after school?

g Why isn't she bothered about going to University?

h What does she want to do?

i What does Paul want to do?

j Kirsten asks three questions at the end of her letter. What do they mean?

Du bist dran!

15 Write two paragraphs describing your school day and what you think of the lessons. Include at least one sentence on how you get on with your teachers (use unit one to help you).

Stephan writes to Paula about the school marking system in Germany and the importance of getting good marks:

Wir hatten einen Tag hitzefrei.

Bielefeld, den 16. Juli

Hallo Paula,

vielen Dank für Deinen Brief. Du hast geschrieben, daß es auch bei Euch bald Schulferien gibt. Fährst Du weg? Wir fahren nächste Woche an die Ostsee. Ich freue mich riesig darauf.

Gestern haben wir unsere Zeugnisse bekommen. Sind die Noten bei Euch auch so wichtig? Diesmal hatte ich wirklich Angst, daß mein Zeugnis nicht gut genug sein würde und ich sitzenbleiben würde. Aber Gott sei Dank wurde ich versetzt, obgleich meine Noten gar nicht gut waren. Ich hatte nämlich eine 5 (mangelhaft) in Französisch, was mich sogar nicht wundert, weil ich oft geschwänzt habe, und ich hatte eine 4 (ausreichend) in Englisch. Im Englischunterricht bin ich manchmal eingeschlafen, weil wir so blöde Aufgaben machen mußten. Du siehst, ich interessiere mich nicht so sehr für Sprachen!

Das Wetter bei uns ist herrlich gewesen - wir hatten sogar einen Tag hitzefrei. Hat man so was bei Euch auch? Ich schicke Dir eine Postkarte aus Travemünde!

Viel Spaß in den Ferien!
Dein Stephan.

Hast du verstanden?

16 Answer the following questions about Stephan's letter:
a What has Paula told Stephan in her letter?
b Where is Stephan going on holiday?
c Why had Stephan been worried?
d Why is he relieved?
e Why does he reckon he got a bad mark in French?
f Why has he sometimes fallen asleep in his English lessons?
g What was one result of the recent good weather?
h Stephan asks three questions in his letter. Write them down and say what they mean.

Mein Stundenplan

	Montag	Dienstag	Mittwoch	Donnerstag	Freitag
8.00–8.45	Mathe	Reli.	Englisch	Reli.	Deutsch
8.45–9.30	Musik	Erdkunde	Englisch	Deutsch	Deutsch
9.45–10.30	Sport	Mathe	Handarbeit	Mathe.	Biologie
10.30–11.15	Sport	Musik	Handarbeit	Englisch	Musik
11.15–12.15	Englisch	Englisch	Deutsch	Zeichnen	Englisch
12.15–13.00	Erdkunde	Deutsch	Biologie	Zeichnen	Mathe.

◆ Ich gehe nicht gerne zur Schule, weil . . .

Remember, with 'weil' clauses the verb must be at the end of the clause, for example,

Ich bin manchmal eingeschlafen, weil wir blöde Aufgaben machen **mußten**.

17 Complete the following sentences. All the vocabulary you need is in this unit.
a Ich bin manchmal eingeschlafen, weil (*the lessons were so boring*).
b Ich bin manchmal eingeschlafen, weil (*I had to get up so early*).
c Ich habe oft geschwänzt, weil (*I find school so awful*).
d Ich habe oft geschwänzt, weil (*I don't like the teachers*).
e Ich gehe gerne zur Schule, weil (*I find it really interesting*).

18 Write down five sentences of your own about school, each one containing a 'weil' clause.

◆ Wofür interessierst Du Dich?

Ich interessiere mich nicht so sehr für Sprachen. (*I'm not very interested in languages.*)

Interessierst du dich für . . .
Popmusik?
Kunst?
Sport?
Leichtathletik?
Religion?
Politik?

19 Write down which topics you're interested in and which you are not.

Du bist dran!

20 Write a letter to a penfriend in which you describe your life at school and your plans for the future. Your letter should contain three questions and at least two sentences containing a 'weil' clause. Include the following seven points:
- Thank them for their interesting letter.
- Say what sort of school you attend, how big it is and make a general comment about it.
- Describe the pattern of the school day.
- Say which subjects you're interested in and which you dislike.
- Say something about your teachers and how you get on with them.
- Say a sentence about your plans for the future.
- Wish your friend a happy holiday and sign off.

◆ Wie ich Geld bekomme

21 Many school students spend some of their free time and holidays earning money. What do the following do?

a Ich verdiene mir Geld durchs Zeitungsaustragen. Ich trage jeden Tag Zeitungen aus.

b Ich arbeite in einem Laden.

c Ich passe auf die Nachbarskinder auf.

d Ich gehe putzen.

e Ich trage Werbezettel für einen Supermarkt aus.

f Ich arbeite auf dem Markt.

How does Bernd earn some money?

Lieber Steve,

danke für Deinen letzten Brief! Es ist sehr interessant für mich zu wissen, daß Du auch einen Samstagsjob hast. Ich arbeite jeden Samstag auf dem Markt. Ich helfe einem Mann, der Obst und Gemüse verkauft. Ich arbeite von 8 Uhr morgens bis 4 Uhr nachmittags, und am Ende des Tages habe ich 60 DM in der Hand. Ich finde es besser, wenn ich selber mein Geld verdiene, dann brauche ich nicht immer meine Eltern um Geld anzupumpen. Mit meinem eigenen Geld kann ich machen, was ich will. Manchmal kaufe ich Kassetten und Klamotten, aber ich spare auch, um den Führerschein machen zu können. Das kostet bei uns einen Haufen Geld!

Also, viele Grüße an Dich und Deine Familie. Bis bald!

Bernd

Hast du verstanden?

22

a What does Bernd do to earn money?
b When and how long does he work?
c Why is he pleased to have his own earnings?
d What does he usually do with the money?
e What is he saving up for?

Ich spare, um den Führerschein machen zu können.

◆ Dein Arbeitsplatz und was du mit deinem Geld machst

Ich arbeite	auf dem Markt in einer Werkstatt (*in a garage*) in einem Laden im Supermarkt im Garten für meinen Onkel/Vater/meine Mutter/Tante				
Ich helfe	meinen Eltern/meinem Vater/meiner Mutter/den Nachbarn (*the neighbours*)				
Ich kaufe	Kassetten/Videos/Klamotten/Bücher/Geschenke				
Ich spare	um	Skilaufen in Urlaub samstags ins Kino/zur Disko den Führerschein	zu	lernen gehen/fahren gehen machen	

Du bist dran!

23 Write a sentence from each of the above tables.

24 Write a short letter to your penfriend in which you explain how you earn money and what you do with it.

Sheila hopes to go to Germany to work in a hotel in the school holidays. She writes her letter of application:

Sehr geehrter Herr Diehm!

Ich habe Ihre Anzeige für ein Zimmermädchen im Hotel Wasserfall im „Guardian" gelesen. Die Arbeit in einem großen Hotel interessiert mich sehr. Ich bin 16 Jahre alt und lerne seit 4 Jahren Deutsch. Im Juni mache ich meine Abschlußprüfungen. Dann habe ich sechs Wochen Schulferien, bevor ich wieder in die Schule gehe. Wenn ich meine Prüfungen gut bestehe, möchte ich gerne das Abitur machen – in Deutsch, Spanisch und Englisch (hier in England braucht man nur drei Fächer für das Abitur). Ich war schon einmal in Deutschland. Ich habe nämlich einen Austausch mit einem Mädchen aus Steinfurt gehabt. Es hat mir sehr gefallen, und ich habe viel gelernt.

Ich wohne mit meiner jüngeren Schwester bei meinem Vater. Ich mache viel im Haushalt, seitdem meine Mutter gestorben ist. Ich kann gut kochen, bin daran gewöhnt, aufzuräumen und sauberzumachen.

Wenn es Ihnen recht wäre, könnte ich vom 20. Juli bis zum Ende August bei Ihnen arbeiten. Ich lege Ihnen den Namen und die Adresse meiner Lehrerin bei, die bereit ist, eine Empfehlung zu schreiben.

Ich würde mich freuen, bald von Ihnen zu hören.

Mit freundlichen Grüßen

Sheila McKenzie

25 Study the above letter carefully and write a letter of your own in German. Remember to include the following points:

- Begin and conclude your letter in the formal manner.
- Say where you saw the advert and what the job is you are interested in.
- Give your age, where you live and how long you've been learning German.
- Say where you are in your school career.
- Say what experience you have had for the job in hand.
- Give a little information about yourself and family.
- Say when you are available.
- Say that you include the name and address of someone who will give you a reference.
- Say you are looking forward to hearing from them.

Hotel Wasserfall.

Gesundheit, Krankheit, Lebenstil und Tod

◆ Ein Brieffreund schreibt

Lieber Martin,

hoffentlich geht's Dir wieder besser. Es tut mir leid, daß Du krank warst. Mir geht's auch nicht gut. Ich habe seit drei Tagen Grippe. Ich habe Schnupfen, und gestern hatte ich Fieber. Ich schwitze fürchterlich! Der Arzt hat gesagt, ich muß im Bett bleiben, aber das ist furchtbar langweilig. Ich kann nicht Radio hören oder fernsehen, weil ich auch Kopfschmerzen habe. Meine Mutter hat gesagt, ich muß viel trinken – also trinke ich alle Stunde viel Pfefferminztee. Scheußlich!

Das einzig Gute dabei ist es, daß ich heute nicht zum Zahnarzt mußte! Mein Termin ist jetzt auf nächste Woche verschoben worden. Gott sei Dank!

Dein

Heinz-Peter.

Stimmt das?

1 Check the following statements about Heinz-Peter's letter. Tick those which are true and correct those which are false.

a Heinz-Peter has had flu for four days.
b He has a temperature and diarrhoea.
c He is feeling hot.
d The doctor says he can now get up.
e He is enjoying listening to the radio and watching television.
f His granny has said he has to have plenty to drink.
g He drinks peppermint tea every two hours.
h The tea is really delicious.
i He has to get up soon to go to his dental appointment.
j Martin has been ill too.

2 Wie sagt man das auf Deutsch?
a I'm not well either.
b It is dreadfully boring.
c The doctor said . . .
d Thank goodness!

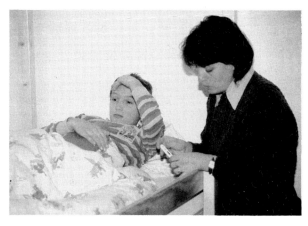

Ich habe seit drei Tagen Grippe.

Über Krankheiten

Seit wann bist du denn krank? Was fehlt dir?

Ich habe	seit	einem Tag zwei Tagen einer Woche	Husten *cough* Grippe *flu* Schnupfen *a cold* Kopfschmerzen Bauchschmerzen
Ich hatte		zwei Wochen lang einen Tag lang zwei Tage lang eine/zwei Woche(n) lang	Zahnschmerzen Fieber *a temperature* Durchfall *diarrhoea* Verstopfung *constipation*

Wie geht es dir?

Mir ist schlecht.

Mir	ist war	übel *nauseous* schlecht *nauseous* schwindlig *dizzy* heiß kalt

Was machst du dagegen?

Ich	muß mußte	im Bett bleiben/liegen viel trinken Tabletten nehmen zum Arzt gehen zum Zahnarzt gehen ins Krankenhaus gehen

3 Use the sentence patterns on the right and the tables above to describe how you are feeling and write the sentences below in German.

Ich _____ seit _____ (*how long*)
_____ (*what's wrong*). Mir ist _____
____ . Ich muß _____ _____
(_____).

a I have had toothache for two days. I am feeling faint. I have to go to the dentist.
b I have had flu for a week. I feel cold and have to stay in bed.
c I have had a stomachache and diarrhoea for three days. I feel sick. I have to take some tablets and have plenty to drink.

◆ Wie geht's dir?

Es geht	mir dir ihr (die *words*) ihm (der/das *words*) uns euch ihnen meinem Vater meiner Mutter	gut besser nicht gut gar nicht gut

4 Write the following in German:
a I'm better.
b My mother is well.
c She isn't at all well.
d My father is not well.
e He isn't well.
f They are better.

Christine has received a get well card from her penfriend's family:

GUTE BESSERUNG!

Es tut uns leid, daß Du krank bist!

Grüße und Küsse

von der Familie Potthoff

Du bist dran!

5 Write a letter to a penfriend saying that you have been ill. Use the sentence patterns below to help you.

Liebe(r) ....!

Danke für Deinen Brief. Hoffentlich _____ ___ (*say you hope they are better*). Ich _____ (*say you have been ill for a week*). Mir ist _____ , und habe _____ _____ (*describe your symptoms*). Ich muß _____ _____ (*say what you are doing about it*).

_____ (*give one more piece of news*).

Herzliche Grüße
Dein(e) ....

➤ Über deine Verletzungen

Ich habe mir . . .

gebrochen (*broken*)
verrenkt (*sprained*)
verletzt (*injured*)

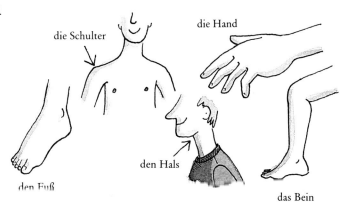

die Schulter
die Hand
den Hals
den Fuß
das Bein

◆ Absence notes

6 Teachers at the Geschwister Scholl
Mittelschule have received the following
absence notes concerning pupils at the school.
What are the reasons for the absences?

> fehlen = to be absent

a

> Sehr geehrte Frau Herbst!
>
> Es tut mir leid, daß unser Wolfgang vom 12. bis zum 14. März gefehlt hat. Er hat
> schreckliche Magenschmerzen und Durchfall auch noch dazu gekriegt.
>
> Hochachtungsvoll,
>
> G. Bächler

b

> Sehr geehrtes Fräulein Hosse!
>
> Die Petra war am Montag und am Dienstag nicht in der Schule, weil sie sich den
> Fuß beim Volleyballspielen verrenkt hat. Jetzt geht's ihr ein bißchen besser, aber
> sie sollte bitte diese Woche nicht am Sportunterricht teilnehmen.
>
> Mit freundlichen Grüßen,
>
> Ute Sommer

Sie hat den Fuß verrenkt.

c

Sehr geehrter Herr Weigle!

Es tut uns leid, daß unsere Gabi am Freitag, am Samstag und am folgenden Montag gefehlt hat. Ihre Großmutter ist am Donnerstag in der Nacht gestorben. Das ist der Gabi sehr nahe gegangen, so wie uns allen. Am Mittwoch wird Gabi auch fehlen – sie geht mit der Familie zur Beerdigung in Bietigheim.

Ihre

Ilse Schiller

d

Sehr geehrte Frau Tutsch!

Unser Roland wird voraussichtlich in den nächsten drei Wochen fehlen. Er hat sich am Samstag beim Fußballtraining das linke Bein gebrochen. Er liegt mit einem Gips im Bett. Später kann er mit seinen Krücken gehen, aber wegen den vielen Treppen in der Schule haben wir Angst, daß er fallen könnte.

Hochachtungsvoll,

Axel und Martina Becker

Er hat das linke Bein gebrochen.

◆ Die Brieffreundin schreibt

Hallo Heather !

Ich schicke Dir ein Foto von mir. Erkennst Du mich? Ich habe zehn Pfund abgenommen, seitdem Du hier bei uns warst. Ich habe keine richtige Diät gemacht, sondern ich esse viel mehr Obst und Gemüse – und kein Fleisch mehr ! Ja, ich bin jetzt Vegetarierin wie Du. Meine Eltern schimpfen vielleicht ! Mein Vater sagt „Das ist ja Unsinn ! Ohne Fleisch kannst Du nicht leben ! " Aber ich fühle mich wirklich gesünder so. Ich versuche auch, jeden Tag Sport zu treiben – entweder Handball, Trimm Dich oder Schwimmen. Aber die beste Nachricht ist folgendes: ich habe aufgehört zu rauchen ! Es ist sehr hart gewesen, aber ich spare eine Menge Geld, und mein Freund Paul ist sehr stolz auf mich. Er sagt, ich stinke nicht mehr so !

Paul läßt Dich schön grüßen.

Alles Liebe von Deiner „neuen" Freundin,

Monika

Ich habe zehn Pfund abgenommen.

Hast du verstanden?

7 Answer the following questions about Monika's letter:
a What does she enclose?
b What does she say about her diet?
c In what respect is she like Heather?
d What is her parent's reaction?
e How does she keep fit?
f What is her best piece of news?
g What is one effect of her action?
h What is Paul's reaction?

8 Wie sagt man das auf Deutsch?
a That's nonsense!
b I feel much healthier.
c I have lost weight.

Gesundheit Tips für unsere Leser
von Ärztin Dr Helga Müller
aus der Schönheitsklinik
'Paradies' im Schwarzwald:

Für das gesunde Leben . . .

viel Obst und Gemüse essen
nicht rauchen
Sport treiben
wenig Alkohol trinken
genug schlafen

Für das ungesunde Leben

viel Fleisch und Fett essen
rauchen
keinen Sport treiben
viel Alkohol trinken
wenig schlafen

Und liebe Leser . . . ein
gesunder Mensch ist
ein glücklicher Mensch!

◆ Ein Briefwechsel
zwischen Inge und Susan

Liebe Susan,

es tut mir leid, daß ich so lange nicht geschrieben habe, aber mir geht es seit ungefähr fünf Wochen überhaupt nicht gut. Zuerst bin ich beim Radfahren verunglückt und habe mir die Hand verrenkt und das Bein gebrochen. Natürlich hat es sehr weh getan - aber ich hatte Glück, daß ich nicht ums Leben gekommen bin, weil starker Verkehr war. Drei Wochen mußte ich mit einem Gips im Bett liegen. Dazu bekam ich noch eine Erkältung und Husten! Jetzt habe ich mich einigermaßen erholt, aber ich kann immer noch nicht wieder in die Schule gehen, und aus der Klassenfahrt nach Frankfurt wird es auch nichts. Mist, nicht?

Bei uns zu Hause ist es sowieso sehr traurig. Mein Opa liegt schwerkrank im Krankenhaus. Er hat Krebs. Er ist noch gar nicht so alt, aber er hat sein ganzes Leben lang viel geraucht. Wir machen uns alle große Sorgen um ihn, besonders meine Mutter, denn sie hat ihren Vater sehr lieb.

Es tut mir leid, daß mein Brief so traurig ist. Schreib mir bald und schreib mir was Schönes! Herzliche Grüße - auch an Deine Eltern.

Deine Inge

Hast du verstanden?

Drei Wochen mußte ich mit einem Gips im Bett liegen.

9 Answer the following questions about Inge's letter:

a Why does Inge begin with an apology?
b What happened to her about five weeks ago?
c What added to her problems?
d What does she have to miss?
e Why is the family feeling very sad?
f What is the probable cause of the illness?

10 Wie sagt man das auf Deutsch?
a We are all very worried about him.
b She is very fond of him (*ihn*).
c Write to me about something nice.

Susan writes in answer to Inge's letter – and receives her latest sad news:

Liebe Inge,

wie schade, daß es Dir in letzter Zeit so schlecht gegangen ist. Du tust mir sehr leid. Gott sei Dank hast Du Dir das Bein und nicht den Hals gebrochen! Es hätte noch schlimmer kommen können. Hoffentlich hast Du Dich jetzt gut erholt.

Es tut mir sehr leid, daß Dein Opa so krank ist. Bestell ihm sehr schöne Grüße von mir und meiner Familie. Du, ich habe leider keine guten Nachrichten! Die Firma, wo mein Vater arbeitet, geht sicher bald pleite. In einem Monat ist er bestimmt arbeitslos. Schönes Pech, nicht wahr?

Mach's gut und Kopf hoch!

Viele liebe Grüße,

Deine Susan

Liebe Susan,

Verzeih, daß ich nur kurz schreibe, aber ich habe leider etwas sehr Trauriges zu erzählen. Mein Opa ist vor zehn Tagen an Lungenkrebs gestorben. Gott sei dank war das Ende sehr schnell und er mußte nicht furchtbar leiden. Er war noch relativ jung - erst 55 - aber er hat ja viel geraucht, so wie viele aus seiner Generation. Die Beerdigung fand vier Tage später in Freudenberg statt, wo er geboren ist.

Es ist eine schmerzhafte Zeit für uns alle, besonders für Mutti. Es ist ihr sehr nahe gegangen. Sie leidet sehr unter Depression und ist von der Arbeit krank geschrieben. Sie möchte gerne auf Kur gehen, damit sie sich richtig erholen kann. Bei uns bezahlt das die Krankenkasse. Ist das bei Euch auch so?

Der kleinen Karin wird der Opa sehr fehlen, denn als kleinste hat sie immer viel Zeit mit ihm verbracht. Aber Zeit hat er immer für uns alle gehabt und er wird bestimmt uns allen fehlen.

Schöne Grüße an Deine Familie. Wie ist es mit Deinem Vater?

Deine
Inge

Hast du verstanden?

11 Answer the following questions about Susan and Inge's exchange of letters:

a What is Susan's bad news?
b What has Inge's grandfather died of?
c How old was he?
d Where was the funeral held?
e Why was that place chosen?
f What has happened to Inge's mother?
g What is she going to do to recuperate?
h What are Inge's comments about her youngest sister Karin?

12 Wie sagt man das auf Deutsch?

a What a pity;
b it could have been worse;
c chin up!;
d she has taken it very hard;
e we will all really miss him;
f how are things with your father?

Wie man sich bereut und entschuldigt

Es tut mir leid, Verzeih,	daß	ich so lange nicht geschrieben habe ich nur kurz schreibe (*I am only writing a brief note*)

Wie man Mitleid zeigt

Es tut mir (sehr) leid, Wie schade	daß	dein Opa so krank ist. dein Opa gestorben ist. dein Vater arbeitslos geworden ist. du einen Unfall gehabt hast. es dir nicht gut/so schlecht gegangen ist.

Du tust mir sehr leid *I'm really sorry (for you)*
Er tut mir sehr leid *I'm really sorry (for him)*

Sich krankschreiben

Sie/er	ist	krankgeschrieben
Ich	bin	*off work/school with a sick-note*

But: er/sie ist krank vor Liebe/Heimweh *s/he is in love/homesick*.

Krank sein und sterben

Er ist	an	Krebs *cancer* Grippe *flu* einem Herzinfarkt *heart attack*	erkränkt/gestorben.
Er ist		schwer krank *seriously ill*	
Er leidet *he is suffering from . . .*	an unter	Krebs Streß/*depression*	

Use an *with a physical illness and* unter *with a psychological condition*.

Wie man sich fühlt
How to say how someone is feeling:

Es geht	mir/ihm/ihr/uns	sehr nahe	*(I'm (etc) taking it very hard)*
Es ist			gegangen *(I have (etc) taken it very hard)*

Du fehlst mir!

How to say you miss someone:

Er/sie	fehlt	mir/ihr/ihm/uns sehr
Du	fehlst	

Du bist dran!

13 Using the tables above and on the previous page write a short letter giving some bad news about someone you know. You can start that section of the letter in this way: Ich muß leider etwas Trauriges erzählen/ich habe etwas Trauriges zu erzählen/zu berichten (*to report*). Include the following points:

- Ask how they are.
- Say you have some bad news.
- Say what it is.
- Say how you feel about it.
- Say how it has affected other members of the family.
- Sign off with something more cheerful!

Susan's parents write to Inge's mother to express their sympathy.

Liebe Frau Schuhmacher!

Wir haben von unserer Tochter Susan die traurige Nachrichten erfahren. Es tut uns wirklich leid, daß Ihr Vater gestorben ist. Wir wissen beide, wie es ist, wenn ein lieber Verwandter das Ende seines Lebens erreicht hat. Am schwersten ist es für diejenigen, die er hinterlässt. Aber er hat nun Ruhe.

Wir haben ihn zwar nicht gekannt, aber Ihre Tochter hat oft von Ihm in ihren Briefen geschrieben. Wir denken täglich an Sie. Ihr tiefes Mitleid senden Ihnen

Peter und Jill Rogers

---

14 What sentiments do they express?

15 Write a very short letter of condolence to an adult. Include the following points:
- Say that you've heard their sad news.

- Say you are very sorry that _____ has died.
- Say something nice about that person.
- Say that you're thinking about them and that you send your sympathy.

Freizeit und Hobbies

◆ Der Brieffreund schreibt

Hallo John,

danke für Deinen Brief. Hoffentlich geht's Dir gut.

Heute ist wunderschönes Wetter — deshalb möchte ich mit meinem Freund Karl radfahren. Im Sommer radeln wir fast jedes Wochenende irgendwohin: in den Wald, in die Berge oder an einen kleinen See in der Nähe. Dort machen wir ein Picknick. Im Winter habe ich andere Hobbys. Ich spiele Volleyball im Sportverein und außerdem auch gern Fußball (ich bin ein Fan von Borussia-Mönchengladbach. Und Du?).

Ich habe praktisch jeden Tag etwas vor: montags und dienstags Volleyballtraining, donnerstags und samstags Fußball und mittwochs Schwimmen. Freitags gehe ich oft in den Jugendklub, wo wir uns unterhalten, Schallplatten hören oder tanzen. Wie Du siehst, habe ich sehr viel Zeit für Hausaufgaben übrig! Treibst Du gern Sport? Gehst Du in einen Jugendklub? Was machst du gern? Wie steht es mit Deinem Deutschlandbesuch? Klappt es?

Alles Gute

Michael

Ich spiele Volleyball im Sportverein.

Hast du verstanden?

1 Answer the following questions about Michael's letter in English:

a What is the weather like?
b What are his plans for today?
c What places does he go to at the weekends in summer?
d Where does he play volleyball?
e What does he also like playing?
f Describe his activities during the week in winter.
g Which football team does he support?
h What do he and his friends do at the youth club?
i What does Michael say about his homework?
j Michael asks John several questions. Write them down and say what they mean.

Hallo Bev!

Vielen Dank für Deinen Brief. Gott sei Dank haben wir Osterferien! Wir haben fast vier Wochen frei. Wir fahren in die Alpen zum Skilaufen. Ich freue mich unheimlich darauf. Hoffentlich liegt noch viel Schnee!

Ich gehe unheimlich gern Skilaufen, aber sonst treibe ich nicht sehr gern Sport. Meine Hobbies sind Lesen, Stricken und Musik. Ich spiele gern Klavier und Gitarre.

Aber Klavierspielen kann ich nicht so gut, denn ich habe nie Zeit zum üben. Ich höre oft Platten. Meine Lieblingsgruppen sind „Nena" und „A-Ha". Was sind Deine Lieblingsgruppen? Ich gehe gern ins Kino, aber der Eintritt ist so teuer, daß ich oft lieber zu Hause fernsehe. Siehst Du oft fern? Meine Lieblingssendung ist „Dallas". Was hast Du für eine?

Schreib bald wieder!
            Deine   Gisela

Ich höre oft Popmusik.

Stimmt das?

2 Below are ten statements about Gisela's letter. Tick those that are correct, correct those that are false.

a It is just at the beginning of the Christmas holidays.
b Gisela has four weeks' holiday.
c She is going skiing in the Harz mountains.
d She really enjoys skiing.
e She enjoys sports in general.
f Her hobbies are reading, knitting and music.
g She never gets enough time to practise the piano.
h She does not like pop-music.
i She prefers watching television to going to the pictures, because the cinema is always so crowded.
j Her favourite programme is 'Dallas'.

◆ Wie du deine Freizeit verbringst

Wann? (when)		Mit wem? (with whom)	Was/Wohin? (what/where)
Heute Morgen Jeden Tag Jede Woche Jedes Wochenende Montags (etc.) Oft Manchmal *sometimes*	gehe ich	allein mit meinem Freund mit meiner Freundin mit meinen Freunden mit meinen Freundinnen	angeln einkaufen Fußballspielen kegeln *bowling* radfahren reiten *riding* schwimmen spazieren tanzen in den Jugendklub ins Kino zur Disko in die Stadt zum Sportverein

Zum Beispiel:

Heute gehe ich mit meinem Freund radfahren.
Freitags gehe ich in den Jugendklub.

Was machen sie?

3 What do the following say about how they spend their time? For example:

Jim: every week, fishing, with father.
Jede Woche gehe ich mit meinem Vater angeln.

Sharon: every weekend, riding, with sister.
Julie: Mondays, volleyball, with friend Joanne.
Paul: often, dancing, with girlfriend Rachel.
Mark: sometimes, for a walk, with friends.

4 Write five sentences saying what you do, when you do it and with whom you do it.

Jede Woche gehe ich mit meinem Vater angeln.

Was du gerne oder nicht gerne machst

Ich	gehe		schwimmen
	stricke bastele *do handicrafts* lese tanze		
	spiele	gern sehr gern nicht so gern	Gitarre Klavier *piano* Fußball Volleyball
	sehe		fern
	treibe		Sport
	höre		Platten Musik

Du bist dran!

5

a Write three sentences saying what you like doing.

b Write three sentences saying what you don't like doing.

◆ Was sind deine Hobbies?

You can take any verb and turn it into a noun by turning the first letter into a capital and making it an infinitive, for example:

Ich tanze (verb).
Mein Hobby ist Tanzen (noun).

Meine Hobbys sind:	Angeln
	Basteln
	Fußballspielen
	Lesen
	Malen (*painting*)
	Stricken
	Turnen (*gymnastics*)
	Radfahren

6 Write a sentence saying what your hobbies are.

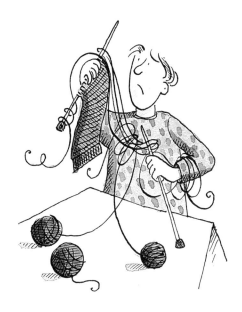

Mein Hobby ist Stricken.

◆ Was hast du vor?

You can use the 'noun-verb' to say when you are doing things, for example:

Montags habe ich **Schwimmen**.

Klaus hat viel vor:
Mo: **Schwimmen**
Di: **Volleyball**
Mi: **Fußball**
Do: **Schwimmen**
Fr: **Tanzen**
Sa: **Fußball/Tanzen**
So: **frei!**

7 Fill in the blanks in this paragraph about how Klaus spends his time:

_____ und _____ habe ich Schwimmen, mittwochs und samstags habe ich _____ . _____ habe ich Volleyball. _____ und _____ gehe ich tanzen. Gott sei Dank habe ich _____ _____ frei.

◆ Deine Lieblingssachen

Add 'Lieblings' on to any noun to say what your favourite thing is, for example:

der Popsänger = mein **Lieblings**popsänger

8 Copy out the following five sentences and fill in the blanks:
  a Mein Lieblingspopsänger ist _____
  b Meine Lieblingspopsängerin ist _____
  c Meine Lieblingsgruppe ist _____
  d Meine Lieblingsfernsehsendung ist _____
  _____
  e Mein Lieblingessen ist _____

9 Use the tables and information above to work out what the following would say about how they spend their time and what they like and dislike:
  a **Uwe:**
  Goes to football on Wednesdays and Saturdays. He likes going fishing with his brother Kurt. His hobbies are reading and handicrafts.
  b **Margit:**
  Goes riding on Saturdays. She likes listening to records and watching TV. Her favourite programme is 'Der Denver-Clan'. She often goes to the disco with her friends.

Mein Lieblingsessen ist Spaghetti.

Du bist dran!

10 Write a paragraph saying how you spend your time and what your hobbies are. Name your favourite group or singer and your favourite TV programme.

11 Write a letter to your penfriend and include the following points:
  • Ask them how they are.
  • Say that you're going fishing/for a walk/ shopping today.
  • Say how you like spending your time.
  • Say what your hobbies are.
  • Say if you like listening to records or watching TV.
  • Mention your favourite group/singer/TV programme.
  • Include one other piece of news.

N.B. Ask at least two questions in your letter!

◆ Wie ich meine Freizeit verbringe

12 What do the following say about how they spend their time?

a Astrid

Seit einem Jahr gehe ich reiten. Meine Freundin hat mich auf die Idee gebracht. Eines Tages ging ich mit ihr zum Reiterhof. Nach der ersten Reitstunde gefiel mir das Reiten so gut, daß ich jetzt jede Woche reiten gehe.

b Thomas

Nach dem Volleyballtraining gehe ich mit meinem Freund in unseren Jugendklub, der in unserer Siedlung ist. Dort spielen wir meistens Karten, manchmal auch Tischtennis. Aber oft sind wir nach dem Training so müde, daß wir einfach Musik hören und erzählen.

c Annegret

In meiner Freizeit muß ich Hausaufgaben machen, oder ich höre Musik oder lese ein gutes Buch. Abends sitze ich meistens vor dem Fernseher.

d Günter

Jeden Monat gehen wir mit dem Sportverein wandern. Wir fahren dann an einen bestimmten Ort und wandern etwa 20 Kilometer. Danach gehen wir in eine Gaststätte und essen und trinken etwas. Es macht mir viel Spaß.

◆ Die Brieffreundin schreibt

Liebe Barbara,

ich habe mich so gefreut, Deinen Brief zu erhalten. Ich bin
gerade aus dem Urlaub gekommen (wir waren in Österreich) und
habe Deinen Brief vorgefunden. Du hast geschrieben, Du fährst
im August in die Schweiz. Könnt Ihr vielleicht über Düsseldorf
fahren und bei uns vorbeikommen? Meine Mutter hat bestimmt
nichts dagegen, und es würde mir viel Spaß machen.
Es tut mir leid, daß ich Deinen Geburtstag vergessen habe, aber
ich habe ein kleines Geschenk zur Post gebracht. Hoffentlich
gefällt es Dir.
Ich war in Österreich zum Wintersport: Skilaufen und
Schlittschuhlaufen. Zu Hause gehe ich ziemlich oft
Schlittschuhlaufen, weil eine Eisbahn in der Nähe von uns ist.
Es macht mir unheimlich viel Spaß und zwei- oder dreimal in der
Woche gehe ich trainieren. Außerdem habe ich viele Hobbys: ich
schwimme ganz gern, ich lese und stricke und sammle Briefmarken
aus aller Welt. (Es würde mich so freuen, wenn Du mir welche
aus England schicken könntest). Wenn ich mal Zeit und Lust
habe, treffe ich ein paar Freundinnen und gehe mit ihnen aus –
irgendwohin: in die Stadt einkaufen oder in die Kneipe. Dort
unterhalten wir uns oder machen einfach Quatsch!
Hast Du Hobbys? Was machst Du in Deiner Freizeit? Könntest Du
mir sagen, ob Ihr in August vorbeikommen könnt? Es wäre
wirklich toll, wenn es klappen würde!

Schöne Grüße an Deine Eltern und auch an Deinen Freund.
Mach's gut!

Deine
Ute

Ich gehe ziemlich oft Schlittschuhlaufen.

Hast du verstanden?

13 Answer the following questions about Ute's letter:

a Where has Ute been and what has she been doing there?

b What is Barbara proposing to do in August?

c What suggestion does Ute make about this?

d Why does Ute say she's sorry and how has she tried to make amends?

e How does Ute spend a great deal of her time?

f What are her other hobbies?

g What does she like to do with her friends?

h At the end of the letter Ute asks three questions. Write them down and say what they mean.

◆ Was hast Du gemacht?

'In Österreich bin ich Ski gelaufen.'

Am Wochenende Im Urlaub *On holiday*	*Outdoors* habe ich	geangelt Fußball gespielt gekegelt *been bowling* gesegelt *been sailing* einen Einkaufsbummel gemacht einen Stadtbummel gemacht
	Outdoors bin ich	radgefahren geritten geschwommen spazierengegangen Schlittschuhgelaufen *gone skating* Ski gelaufen gewandert *gone hiking*
	Indoors habe ich	ferngesehen gebastelt gelesen getanzt Gitarre gespielt Musik gehört

Du bist dran!

14 Use the table above to write six sentences saying what you (or you and your friends or family) did at the weekend.

◆ Wenn ich Lust habe

Wenn ich Lust habe, treffe ich ein paar
Freundinnen. (*When/if I fancy, I meet a few
friends.*)

15 Write four sentences of your own
beginning with each of the following phrases.
  a Wenn ich mal Zeit habe, (verb) . . . (*When/if
  I have time . . .*)
  b Wenn ich Lust habe, (verb) . . . (*When/if I
  fancy . . .*)

16 Write a letter to your penfriend and includ
the following points:

  ● Say you are sorry you have not written for
    a long time (*Es tut mir leid, daß . . .*).
  ● Say what you have been doing recently.
  ● Say what you like doing and what your
    hobbies are.
  ● Ask if s/he could send you some postcards
    or stamps.
  ● Use one of the 'wenn' phrases above.

◆ Der Brieffreund schreibt

Hallo Derek!

Es dauert nur noch einen Monat, bis wir uns sehen. Ich freue mich sehr darauf. Du hast mir gar nicht geschrieben, was Du sonst gern machst. Gehst Du gern schwimmen? Gehst Du gern wandern, oder gehst Du lieber radfahren? Wenn Du Lust hast, könnten wir einen Ausflug in den Harz machen. Wir könnten auch ins Hallenbad in der Stadt gehen. Oder wenn Du lieber zu Hause bleiben möchtest, könnten wir mit dem neuen Videogerät spielen, das mein Vater letzten Monat gekauft hat. Wir könnten auch mal in den Jugendclub gehen, wenn Du Lust dazu hast, denn jede Woche gibt es dort eine Disco. Also, schreib bald!

Dein Lutz

Hast du verstanden?

17 Answer the following questions about
Lutz's letter:
  a Write down the questions that Lutz asks
  and what they mean.

  b What suggestions does Lutz make?
  c What has his father bought recently?
  d What is held regularly at the youth club?

◆ Derek schreibt zurück

Hallo Lutz.

Alles, was Du vorschlägst, klingt ganz toll. Ich gehe gern schwimmen, wandern und radfahren, und mit dem Videogerät zu spielen wäre echt gut. Ich habe aber eine kleine Bitte: ich würde sehr gern in Deutschland ins Theater gehen. Wäre das möglich? Könntest Du vielleicht Theaterkarten reservieren? Bis zum Zehnten! Um 16.00 am Hauptbahnhof!

Dein Derek.

Hast du verstanden?

18 Answer the following:
 a What does Derek think of the ideas that Lutz has put forward?
 b What request of his own does he make?
 c What does he suggest Lutz does?
 d When and where is he arriving?

◆ Was du gerne machen möchtest

Ich	würde gern möchte gern würde noch lieber *would rather* würde viel lieber *would much rather*	ins Theater ins Kino ins Gasthaus in die Kneipe in den Jugendklub in die Stadt wandern schwimmen	gehen
Wir könnten			
		eine Wanderung eine Radtour einen Stadtbummel einen Ausflug einen Spaziergang	machen

Du bist dran!

19 Write three pairs of sentences saying what you would like to do and then what you would prefer to do, for example:

Ich möchte gern ins Theater gehen, aber ich würde noch lieber ins Kino gehen.

> would = **würde + infinitive verb**
> Das würde Spaß machen. (*That would be fun.*)
>
> Remember
> **würde sein = wäre**
> Das **wäre** schön. (*That would be nice.*)
> Das **wäre** nicht möglich. (*That would not be possible.*)

Martina writes to her penfriend, Karen, inviting her to a special event . . .

Wir könnten ins Kino gehen.

Liebe Karen!

Ich habe am Wochenende was Tolles in der Zeitung gelesen. Madonna kommt nach Hamburg – am 25. März in die Konzerthalle! Hast Du Lust, dahin zu gehen? Ich gehe auf alle Fälle hin! Sag mir Bescheid, wenn Dich das interessiert, und ich werde die Karten bestellen. Du wirst am Tag vorher hier ankommen. Das wäre doch ein phantastischer Anfang unserer Zeit zusammen, oder?

Tschüs,
Martina

Hast du verstanden?

20
  a What is happening on 25th March?
  b What will Martina do if Karen is interested?
  c Why is the timing of the event so good?

Liebe Martina!

O ja, gerne! Ich finde Madonna echt stark. Natürlich möchte ich mit. Mein Vater will wissen, was die Eintrittskarte kostet. Er möchte mir die Karte zum Geburtstag schenken. Ich freue mich sehr auf das Konzert – und natürlich auf Dich. Sei lieb gegrüßt!

Karen

Hast du verstanden?

21
  a What is Karen's response to the suggestion?
  b What has her father offered to do?
  c What do the following expressions mean?

O ja, gerne! Natürlich möchte ich mit! Sei lieb gegrüßt!

◆ Ich möchte etwas vorschlagen

Möchtest du Hast du Lust Hättest du Lust	mal	ins Kino ins Konzert ins Theater zum Schwimmbad in die Stadt in die Kneipe in die Pizzaria wandern einkaufen nach München nach England	gehen? (zu) fahren? (zu) kommen?

Du bist dran!

22 Using the tables at the bottom of pages 81 and 83, write three pairs of sentences making a suggestion and giving an answer. Use the following pattern:

Hast du Lust mal ins Theater zu gehen?
O ja, gerne! Ich würde gern ins Theater gehen/
Ich würde gern mitkommen!

Martina writes to the Hamburger Konzerthalle to book the tickets for the Madonna concert.

Sehr geehrte Damen und Herren,

ich möchte hiermit zwei Eintrittskarten für das Madonna-Konzert am 25.3. reservieren. Ich lege einen Scheck für DM 120,00 und einen adressierten Rückumschlag bei. Ich freue mich auf eine baldige Antwort.

Ihre

Martina Hummel

Du bist dran!

23 Using the letter on the left as a guide write your own letter to book seats for the theatre.
- Begin the letter formally.
- Say you would like to reserve three tickets for 'Mutter Courage' on 10th January.
- Say you enclose a cheque for DM 75 and an addressed envelope.
- Say that you look forward to their quick reply.

24 You want to go to a performance by your favourite band along with some of your friends when you are in Germany. Write to reserve tickets in the same way.

The following headline appeared in the local paper in Nürnberg

FAULE JUGEND BRINGT ZUKÜNFTIGE PROBLEME

Ohne die Leistungen einer engagierten Jugend bestehe die Gefahr, daß unser Wirtschaftswunder zu nichts komme und alles, wofür wir und unsere Eltern geschuftet haben, nicht erhalten werde.

Die heutige Jugend sei es gewöhnt, daß alles leicht sei und daß alles für sie gemacht werde. Das dürfe nicht so weiter gehen! sagte gestern der Nürnberger CSU Vorsitzender Klaus Miesengesicht . . .

Heinrich Strobel, teacher at one of the local
Gynmasien, wrote to the paper to protest . . .

An die Redaktion

Sehr geehrte Damen und Herren!

Ihren Bericht über 'unsere faule Jugend' fand ich sehr provozierend. Ich war so empört, daß ich sofort zu Papier und Kuli griff. Als Lehrer in einem großen Gymnasium habe ich viel mit 'unserer faulen Jugend' zu tun – im Vergleich zum Autor dieser Unverschämtheit, der offenbar nur wenig junge Leute kennt. In meiner Klasse gibt es 25 Jugendliche: einige arbeiten jeden Samstag in einem Altersheim, verdienen Taschengeld auf dem Markt oder im Supermarkt, andere spielen in einem Orchester oder in einer Gruppe, wieder andere helfen im örtlichen Kinderheim aus. In der Schule haben wir auch junge Schüler und Schülerinnen, die abends trainieren, damit sie unser Land im Schwimmen oder in der Leichtathletik vertreten können.

Ich kann nur raten, daß dieser kurzsichtige Herr Miesengesicht mal aus seinem Büro kriecht, um zu sehen, wie die junge Generation wirklich ist!

Hochachtungsvoll

Oberstudienrat Heinrich Strobel

Du bist dran!

25 Write a summary in English of the main points that Heinrich Strobel makes in defence of the youth of today. What is his parting shot at Herr Miesengesicht?

26 Write a list in German of all the activities carried out by the people in your class.

27 The newspaper of your twin city (*Partnerstadt*) has offered a prize to the best letter sent in describing the activities undertaken by young people in Britain. Write a letter to the editor (*an die Redaktion*) setting out some of the interesting things carried out by young people you know.

- Begin and end your letter formally.
- Say which school you attend and where it is.
- Say how you spend your freetime and what you particularly enjoy or find worthwhile.
- Describe some of the activities carried out by your friends and other people of your age.

Einladungen und Ferien

◆ Komm mal zu Besuch!

> Liebe Beverley!
> Viele Grüße aus dem Schwarzwald, wo wir bei meiner Tante sind. Es ist etwas kalt, und es liegt immer noch etwas Schnee hier. Morgen gehen wir Skilaufen. Leider geht's meinem Bruder nicht gut. Er ist erkältet und liegt seit drei Tagen im Bett.
> Meine Tante hat gefragt, ob du im August vierzehn Tage bei uns hier verbringen möchtest. Es wäre toll, Dich wiederzusehen. Sag mir Bescheid, ob es geht. Schöne Grüße   Martina

Hast du verstanden?

1 Answer the following questions about Martina's letter:
  a Where is Martina?
  b With whom is she staying?
  c What is the weather like?
  d What is the family doing the next day?
  e Why is her brother missing out on that?
  f What has Martina's aunt suggested?

Hallo Darren,
ich schreibe Dir, um Dich zu fragen, ob Du dieses Jahr den Austausch nochmals mitmachen möchtest. Es wäre sehr schön, Dich und Deine Familie wiederzusehen. Sag mir Bescheid, ob es klappt.
Dein Jörg

2 What is Jörg suggesting to Darren?

Besuch mich mal!

Ich schreibe Dir, um Dich zu fragen, Meine Mutter hat gefragt, Meine Eltern haben gefragt,	ob Du	ein paar Tage eine Woche vierzehn Tage drei Wochen einen Monat	in den	Weihnachtsferien Osterferien Sommerferien	bei uns verbringen möchtest.
			im	August	

Es wäre schön, wunderbar, prima, toll,	Dich	kennenzulernen wiederzusehen

Sag mir Bescheid, ob es Let me know	geht *if it's OK* klappt *whether it will work out*

Du bist dran!

3 Write a few sentences, saying the following:

a Ask someone to stay with you for a few days in the Christmas holidays. Say it would be nice to get to know them.

b Ask someone to stay with you for three weeks in the summer holidays. Say that it would be great to see them again.

c Say that your parents have suggested that your penfriend comes to stay with you for two weeks in July.

◆ Wie du eine Einladung annimmst

> Liebe Martina!
>
> Ich habe mich wahnsinnig über Deine Einladung gefreut. Ich habe mir schon immer gewünscht, in den Schwarzwald zu fahren, und ich möchte sehr sehr gern Deine Familie und Deine Tante kennenlernen. Ich habe es mit meiner Mutter besprochen, und sie hat sofort "ja" gesagt. Herzlichen Dank!
>
> Deine
>
> Beverley

Hast du verstanden?

4

a How does Beverley feel about Martina's invitation?

b Where has she always wanted to go?

c Whom is she looking forward to getting to know?

d With whom has she discussed the proposal?

e What has the answer been?

Wie du dich bedankst

Vielen Dank Ich bedanke mich herzlich	für die (nette) Einladung
Ich habe mich so über	die (nette) Einladung gefreut

Ich habe mich wahnsinnig üb
Deine Einladung gefreut!

Wie du die Einladung annimmst

Ich darf	zu	Dir Euch	kommen
Es wäre toll,		Dich Euch	kennenzulernen wiederzusehen

Ich nehme sie (die nette Einladung) mit großer Freude an *I accept it with great pleasure* Ich bin von der Idee ganz begeistert *I'm thrilled by the idea* Ich finde Deinen Vorschlag wirklich toll *I think your suggestion is great*

a! Ich bin begeistert!

Es würde mir Spaß machen,	Dich Deine Familie	kennenzulernen
Es war immer mein Wunsch, (*I have always wanted*)	nach Deutschland in die Schweiz	zu fahren

esprechung zu Hause

Ich habe es	mit	meiner	Familie Mutter	besprochen
		meinem Vater meinen Eltern		

Ich habe es mit meinen Eltern besprochen.

Lieber Christoph,
vielen Dank für den Brief und die nette Einladung.
Meine Mutter hat gesagt, ich darf in den Sommerferien zu Euch kommen. Es wäre toll, Dich kennen
zulernen. Ich freue mich schon darauf. Sag mir
Bescheid, wann ich kommen soll. (Wir sind vom
18. bis zum 27. Juli im Urlaub in Blackpool.)

Nochmals vielen Dank!
Dein Tony

Wie sagt man das auf Deutsch?

5
a I am allowed to come to your place in the summer holidays.
b I'm looking forward to it already.
c Let me know when I should come.
d Many thanks once again.
e We are on holiday.

Du bist dran!

Write a few lines accepting someone's invitation to visit. Say that you are able to come and that you are looking forward to it. Say they should let you know when to come. Say you are on holiday in Scarborough from the 20th to the 27th August.

Wie man eine Einladung ablehnt

Lieber Thorsten!

Vielen Dank für den Brief und die nette Einladung. Es tut mir sehr leid, aber es geht nicht. Leider kann ich in den Sommerferien nicht zu Euch kommen. Wir fahren alle in Urlaub nach Cornwall. Vielleicht nächstes Jahr!

Nochmals vielen Dank!

Dein Adam.

Hallo Jörg!

Vielen Dank für Deinen Brief. Leider kann ich dieses Jahr den Austausch nicht mitmachen. Mein Vater ist jetzt arbeitslos. Deshalb haben wir das Geld für den Austausch leider nicht. Aber möchtest Du in den Weihnachtsferien eine Woche bei uns verbringen? Es wäre sehr schön, Dich wiederzusehen. Sag mir Bescheid, ob das geht.

Dein Darren.

Iast du verstanden?

Answer the following questions about dam's and Darren's letters.
- What reason does Adam give for refusing Thorsten's invitation to visit?
- What reason does Darren give for saying he can't take part in the exchange?
  What alternative suggestion does he make?

as du schreibst um eine Einladung bzulehnen

Vielen Dank für die nette Einladung, Es tut mir sehr leid,	aber	es geht nicht ich kann nicht kommen ich kann den Austausch nicht mitmachen

Ich bedaure sehr, aber (I regret very much, but . . .) Hoffentlich macht es dir nichts aus, aber (I hope you don't mind, but . . .) Ich bin sehr enttäuscht, aber (I'm very disappointed, but . . .)	ich muß Deine Einladung ablehnen

Warum

Wir fahren / ich fahre	in Urlaub nach	Spanien, Skegness,	deshalb habe ich	das Geld / die Zeit	nicht
Ich habe / Wir haben	meiner Oma/ihr / meinem Opa/ihm / meinen Eltern/ihnen		versprochen, *promised*	zu ihr/ihm zu fahren	
	entschieden, bei meiner Oma/meinem Opa Ferien zu machen *decided*				
	dieses Jahr kein Geld *I/we have no money this year*				

Ein neuer Vorschlag

Wie wäre es	mit den	Weihnachtsferien? Osterferien? Sommerferien?
	im	Oktober? Sommer?

Liebe Inge,

herzlichen Dank für Deinen Brief und die Einladung. Ich bedauere es sehr, aber ich muß Deine Einladung ablehnen. Ich habe alles mit meinen Eltern besprochen und es klappt einfach nicht. Wie Du weißt, wohnt meine Oma in Schottland, und wir haben ihr schon versprochen, den Urlaub bei ihr zu verbringen. Ich bin sehr enttäuscht. Hoffentlich macht es Dir nichts aus. Aber wie wäre es mit den Weihnachtsferien? Wir haben drei Wochen Ferien (vom 18. Dez bis zum 8. Jan.) und Du könntest zu jeder Zeit kommen Sag mir Bescheid ob das ginge.
Alles Gute
Susan

Ich bin sehr enttäuscht.

Hast du verstanden?

7 Answer the following questions about Susan's letter:

a Why does Susan have to refuse Inge's invitation?

b How does she feel about it?

c What alternative suggestion does she make?

Verschieben und Absagen

Ich habe leider	nichts	Gutes	zu berichten *report*
	etwas	Trauriges Schlechtes Schlimmes	
Ich muß Könnten wir	den	Besuch Englandbesuch Deutschlandbesuch	absagen *cancel* verschieben *postpone*

Warum

Meine Oma Mein Vater	ist	gestorben
		krank geworden verunglückt *had an accident*
Ich	bin	

Liebe Inge!
Ich habe leider nichts Gutes zu berichten. Mit dem Besuch klappt es nicht. Meine Oma in Schottland ist plötzlich sehr krank geworden, und wir müssen sofort hinfahren, um uns um sie zu kümmern
Könnten wir den Besuch vielleicht verschieben? Ich könnte eine Woche später direkt nach Zürich fliegen, wenn das geht. Vielleicht könnten wir alles am Telefon besprechen.
Alles Gute,
Susan

Wir könnten alles am Telefon besprechen.

Hast du verstanden?

8 Answer the following questions about Susan's letter:
  a Why have things gone wrong with Susan's proposed visit?
  b What alterations to the plan does she suggest?

Du bist dran!

Write five short letters saying the following:

Einladen

9
- Invite your penfriend to go on holiday with you and your family.
- Suggest the things that you all could do.
- Ask them what they think of the idea and if they can come.
- Send best wishes to them and their parents.

Annehmen

10
- Thank your penfriend for their letter and invitation.
- Accept it with great enthusiasm.
- Say that you have always wanted to go to . . .
- Invite them to come back and stay with you.
- Ask when it would be most convenient (give your holiday dates).
- Suggest that you talk on the phone.

Ablehnen

11
- Thank your penfriend for their letter and invitation.
- Refuse it politely and with regret.
- Explain your reasons.
- Suggest another time.

12 You have been invited to visit your penfriend in the Easter holidays. You write, thanking them for their invitation, but saying that you are going to Cornwall and don't have the money.

Ein neuer Vorschlag

13 You have been invited to take part in the exchange. You write to say that you cannot because you are going to Spain. Suggest that they visit you in October.

14
- Tell your penfriend that you write with some bad news.
- Say that your father has been taken ill.
- Say that you have to postpone the visit.
- Say that you will talk further on the phone.

◆ Über deine Ferien

> Lieber James,
> endlich Ferien! Hast Du schon Pläne? Was machst Du dieses Jahr? Wir fahren für 2 Wochen nach Österreich. Wir übernachten unterwegs in einer Pension – vielleicht in der Nähe von München – und dann bleiben wir auf einem Campingplatz in der Nähe von Salzburg. Die Berge und die Seen dort sind herrlich. Man kann natürlich wandern, schwimmen und auch segeln. Meine Eltern wollen in der Sonne liegen und nichts machen. Mein Bruder will angeln und ich will segeln lernen. Ich schicke Dir eine Postkarte! Viel Spaß in den Ferien! Dein Hans-Martin

Meine Eltern wollen in der Sonne liegen und nichts machen.

Hast du verstanden?

15 Answer the following questions about Hans-Martin's letter:
  a Where are Hans-Martin and his family going on holiday?
  b For how long?
  c Where will they stay on the way?
  d What is the scenery like at their holiday resort?
  e What activities can be pursued there?
  f Describe what each member of the family wants to do.

16 Wie sagt man das auf Deutsch?
  a The holidays are here at last!
  b Have you made any plans?
  c I'll send you a postcard.
  d Have fun in the holidays!

Wohin du fährst

Ich fahre Wir fahren	für einen Tag zwei Tage eine Woche zwei Wochen einen Monat	an die	Nordsee *to the North sea* Küste
		in den Schwarzwald	
		nach	Österreich Spanien Griechenland Italien

Wo und wie lange du bleibst

Ich bleibe Wir bleiben Ich verbringe Wir verbringen	einen Tag zwei Tage eine Woche zwei Wochen einen Monat	in einer Pension auf dem Campingplatz im Hotel im Wohnwagen in einer Jugendherberge *youth hostel*	in der Nähe von . . . *near* mitten in . . . *in the middle of*
Ich übernachte Wir übernachten			

Was du machen kannst oder machen möchtest

Man kann	angeln
	in der Sonne liegen *lie in the sun*
	nichts machen *do nothing*
Ich/er/sie will	radfahren
Wir wollen	rudern *go rowing*
want	schwimmen
	segeln *go sailing*

Was gibt es zu sehen

Es gibt dort	Berge *mountains*
	Seen *lakes*
	die See
	den Strand *the beach*
	Burgen *castles*
	Schlösser *palaces*

Es gibt dort Burgen.

Du bist dran!

7 Write a paragraph about your next holiday.
Say:
- where you are going
- for how long
- where you are staying
- what there is to see there
- what you want to do there

8 What would Sharon say about her holiday plans?

Hans-Martins Postkarte aus Österreich

Viele Grüße aus Österreich! Wir sind
gestern angekommen und sind schon
spazierengegangen. Morgen gehen
wir in die Berge wandern. Das
Wetter ist herrlich und Mutti
liegt schon in der Sonne!
Tschüß   Hans-Martin

Hast du verstanden?

19 Answer the following from Hans-Martin's card:
  a What has Hans-Martin done so far?
  b What is the family doing the next day?
  c What is the weather like?

Traceys Postkarte

Schöne Grüße aus Spanien! Wir wohnen für zwei Wochen in der Nähe von Benidorm im Hotel. Ich habe gestern einen Ausflug in die Berge gemacht und gestern abend bin ich tanzen gegangen. Ich habe einen netten Jungen kennengelernt. Er heißt Manuel. Das Wetter ist herrlich; Sonne, Sonne, Sonne!
Deine Tracey.

Ich habe einen netten Jungen kennengelernt.

Hast du verstanden?

20 Answer the following from Tracey's card:
  a Where is Tracey?
  b What has she been doing?
  c What is the weather like?

◆ Deine eigene Postkarte

Wie man sich grüßt

Viele Schöne	Grüße	aus	Spanien Blackpool Cornwall	
			dem	Schwarzwald Rheinland
			den Alpen	
		von der Nordseeküste		

Was du gemacht hast

Ich	habe	gesegelt einen Ausflug *trip* nach . . . gemacht in der Sonne gelegen nichts gemacht *done nothing*	
	bin	spazierengegangen geschwommen	
	habe	die Altstadt eine Burg viele Burgen Schlösser Museen	besichtigt

Wo du gewohnt hast

Ich habe Wir haben	in . . . in der Nähe von . . .	gezeltet *camped* übernachtet *stayed overnight*
Ich bin Wir sind		geblieben

Das Wetter

Das Wetter	ist war	schön herrlich furchtbar Mist

Du bist dran!

Jochen is staying in a youth hostel near Oban in Scotland. He has been walking and visited a castle. The mountains and sea are beautiful but the weather is atrocious.

21 Complete his postcard:

Viele Grüße aus _____. Ich übernachte in _____ in der Nähe von _____. Ich bin _____ und habe _____ besichtigt. Die Berge und _____ sind _____, aber das Wetter ist _____ _____. Dein Jochen.

22 Write postcards like Jochen's from:
  a Julie, who went camping for two days near Venice (*Venedig*), then stayed for a week in a hotel near Rimini. She went swimming every day (*jeden Tag*) and lay in the sun. The sea and the weather were wonderful.
  b Yourself on your fantasy holiday.
  c Yourself on the worst holiday you can imagine.

◆ Pläne machen: wie kommt man am besten dahin?

Liebe Brigitte,

nur noch zwei Wochen bis zu meinem Besuch! Ich fahre am 20.7. mit dem Zug von Leeds über London nach Dover und dann mit dem Schiff nach Ostende. Der Zug von Ostende fährt am 21.7. um 6.10 Uhr ab und kommt in Köln um 11.20 Uhr an. Dort muß ich umsteigen. Um 12.00 Uhr fahre ich weiter nach Bielefeld. Ich komme um 15.00 Uhr am Hauptbahnhof an. Kannst Du mich abholen? Wo soll ich warten? Ich werde eine graue Jacke und Jeans tragen. Daran kannst Du mich erkennen.

Kann ich Dir irgend etwas aus England mitbringen?
Bis bald!
Deine Cathy

Hast du verstanden?

23 Answer the following about Cathy's letter:
a Describe Cathy's route from Leeds to Ostend.
b What time will she leave Ostend?
c When does she arrive in Cologne?

d When does she finally arrive in Bielefeld?
e What will she be wearing for the journey?
f Cathy asks Brigitte three questions. Write them down and say what they mean.

> Liebe Cathy!
> Ich werde Dich bestimmt am 21.7.
> um 15.00 Uhr abholen. Warte am
> Zeitungskiosk am Eingang. Bring
> mir bitte eine Illustrierte aus
> England mit - „19" oder „Under 21".
> Ich lese so was ganz gerne. Bis
> bald! Deine
> Brigitte

Hast du verstanden?

24 Answer the following about Brigitte's letter:
a What does Brigitte promise Cathy?
b Where does she ask her to wait?
c What is Cathy to bring her from England?

Über deine Reise

Wann du abfährst

	(date)	(time)		(place)	
Ich fahre am _____		um _____	mit dem Zug Auto Schiff	von _____	ab.

Wann du aukommst

	(date)	(time)	(place)	
Ich komme am _____		um _____	in _____	an.

Was du anhaben wirst

Ich werde	eine	blaue	Jacke	tragen
	einen	roten schwarzen	Anorak Mantel	

Wo du warten wirst

Ich werde	am	Eingang Schnellimbiß Treffpunkt *meeting place*	warten
	im	Warteraum *waiting room* Wartesaal *waiting room*	
	in der	Bahnhofshalle *station concourse*	

Ich werde am Schnellimbiß warten.

Du bist dran!

25 Write a short letter to a penfriend giving the following information:

a You are leaving your home town on 22nd December at 11 a.m. and travelling by train via (über) London.

b You are arriving in Hamburg at midday on 23rd December.

c You would like to be met.

d You will be wearing a blue anorak and jeans.

e Ask if you can bring your penfriend anything from Britain.

Wenn du mit dem Flugzeug ankommst

'Ich fliege am 2.8. um 10.00 Uhr von Gatwick nach Frankfurt. Ich komme um 12.00 Uhr (Flug Nr. LF 202) an. Kannst Du mich bitte abholen?'

(date)	(time)	(place)	(place)

Ich fliege am _____ um _____ von _____ nach _____ .
Ich komme um _____ (Flug Nr _____)an.

26 Write postcards giving the following information about your arrival:

- Flight number GW 467 London (Gatwick). Departure 13.00. Arrival Cologne 14.30.
- Flight number BA 595 Manchester. Departure 18.00. Arrival Munich 19.30.

Wenn du mit dem Auto ankommst

Ich fahre mit dem Auto über Köln nach Siegen. Ich komme irgendwann am Nachmittag an. Wie komme ich am besten zu Dir? Schicke mir bitte einen Stadtplan!'

Ich fahre mit dem Auto über . . . . . nach . . . . .
Ich komme irgendwann (*sometime*) am . . . an.

27 Write postcards giving the following information about your arrival:

- Travelling by car to Limburg via Koblenz. Arriving in the evening.
- Travelling by car to Lübeck via Hamburg. Arriving in the morning.

Mark has received the following letter from
Dirk just before he sets off for Germany:

Lieber Mark!
Leider kann ich Dich vom Bahnhof nicht abholen und
meine Mutter ist zu der Zeit noch im Büro. Mein
Opa, Herr Trocka, wird Dich abholen. Du erkennst
ihn an seinem grauen Bart! Falls Du ihn nicht
triffst, beschreibe ich Dir, wie Du zu uns kommst:
        Vom Bahnhof gehst Du links und dann
die erste Straße rechts. An der Ecke ist ein
Einkaufszentrum. Du gehst die Friedrich-Ebertstr.
entlang bis zu sechsten Straße rechts. An der
Ecke ist ein Reisebüro. Wir wohnen Am Hang 10.
Meine Oma ist zu Hause.
Bis bald! Gute Reise!
                        Dirk

Follow Mark's route to where Dirk lives:

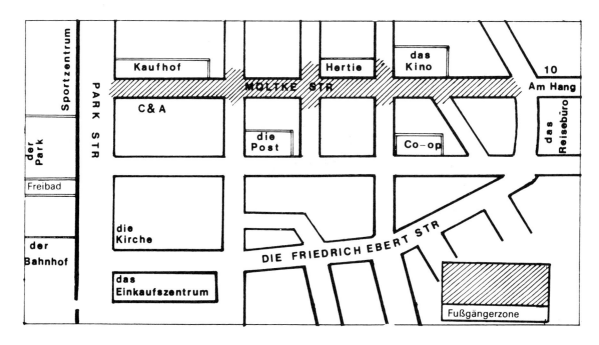

◆ Wie komme ich am besten dahin?

Du gehst	die erste zweite dritte vierte	Straße	links rechts entlang	bis zur	Kirche Schule Post . . . straße *street name* ersten Straße
An der Ecke ist	ein	Einkaufszentrum Supermarkt			
	eine	Schule Kirche			

Du bist dran!

28 Using the map on the opposite page, write out the directions for the following situations:

  a Dirk has had to go out while Mark is still in bed. He will meet him at the swimming pool. What directions will he leave him?

  b Oma needs some stamps from the post-office and some shopping from the hypermarket. What directions does she give Mark?

◆ So kommst du am besten dahin

29 Your penfriend is arriving from Germany. You send a postcard saying that your granny will meet them (*wird dich abholen*), but enclose directions to get to your home from the station or bus-station in case they don't meet up.

Fahr Du fährst	bis zur	Kreuzung *crossroads* Ampel *traffic lights* Autobahn *motorway*		
	bis zum	Autobahnkreuz *motorway junction*		
	den Berg	hinauf *up the hill* hinab *down the hill*		
	die	Querstraße *street at right angles* Hauptstraße *main roads* Einbahnstraße *one-way street*	entlang	
Bieg (*Turn*) Du biegst	an der	Tankstelle *filling station* Ampel	links rechts	ab

Du fährst bis zur Ampel.

Du bist dran!

`30`

  a Using the table, give instructions to
  someone arriving at your school by car from
  the nearest motorway or main road.

  b Give instructions to someone arriving at
  your house by car from the nearest
  motorway or main road.

◆ Wo treffen wir uns denn?

Liebe Anna!

Mein Freund Peter und ich kommen am 20.8
nach Deutschland. Ich würde Dich ganz gerne
wiedersehen und Dir Peter auch mal vorstellen. Wir
haben vor, am 28. und 29. August in der
Jugendherberge in Köln zu übernachten.
Könnten wir uns dann irgendwo treffen?

Deine Sandra.

Hast du verstanden?

31

a What dates will Sandra be in Cologne?
b Where does she plan to stay?
c Who is coming with her to Germany?

Anna schreibt zurück

Liebe Sandra!
Toll, daß Ihr nach Köln kommt!
Ich freue mich sehr, Dich wiederzu-
sehen und Peter kennenzulernen.
Am besten treffen wir uns am Dom
vor dem Bahnhof. Wie wäre es am
29. um 12 Uhr? Wir könnten dann
zusammen zu Mittag essen.
Tschüß,
Anna

Hast du verstanden?

32

a What does Anna say she is looking forward
to doing?
b Where does she suggest they meet?

c What day and what time does she suggest?
d What does she suggest they should do
together?

Liebe Mutti,

alles hat prima geklappt. Die ganze Familie Bannerjee (das heißt Vater, Mutter, Ravi, ihr Sohn, und Manjit, meine Austauschpartnerin) hat mich am Bahnhof in Bradford abgeholt, und wir sind sofort zu ihrem Haus in Shipley, einem Vorort von Bradford, gefahren. Am Bahnhof war alles sehr lustig, weil ich vergessen hatte, die rote Jacke zu tragen, was wir doch vereinbart hatten, und Manjit hat ein dänisches Mädchen angesprochen.

Seitdem ist alles sehr gut verlaufen, und ich verstehe mich prächtig mit Manjit, die sehr sympathisch und immer gut gelaunt ist. Wir machen jeden Tag Ausflüge. Am ersten Tag waren wir in den Dales, am zweiten Tag in York und am dritten an der Ostküste Englands, wo wir in der furchtbar kalten See gebadet haben. Das mache ich nie wieder!

Morgen haben wir vor, mit Ravi in Leeds einkaufen zu gehen. Er kennt sich in Leeds gut aus, weil er da an der Uni studiert. Er will Arzt werden, wie Herr Bannerjee.

Ich muß gestehen, Bradford und Yorkshire sind viel schöner, als ich es mir vorgestellt hatte. Frau Bannerjee meint, Ihr solltet auch mal herüberkommen. Heimweh habe ich jedenfalls nicht!

Grüße und Küsse

Maike

Hast du verstanden?

33 Answer the following questions about Maike's letter:

a Where is Maike staying and with whom?
b What caused a mix-up at the station?
c What does she think of her exchange partner?
d How has she been spending the last few days?
e Why is Ravi involved in the next day's outing?
f What comment does she make about the area she is staying in?
g What has Mrs Bannerjee suggested?
h *Heimweh habe ich jedenfalls nicht!* What does this statement mean?

Wir haben in der kalten See gebadet.

Was hast du gemacht?

Am	ersten zweiten dritten vierten	Tag Nachmittag Abend	war ich . . . bin ich . . . (*see page 79*)
		August	

N.B. The main verb is the second idea of the sentence

Besuch bei der Familie Culpepper

34 Below is an extract from the diary that Martin made on his visit to the Culpepper family in England. Write an account of his visit in German. Begin as follows:

Am zehnten August bin ich in Bristol gut angekommen und . . .

10. August:	Ankunft in Bristol. Abgeholt worden.
11. August:	Stadtbummel.
12. August:	Schwimmen u. spazieren gegangen.
	Abends: ins Kino gegangen.
13. August:	Ausflug nach Bath (interessant)
14.–16. August:	In der Nähe von Weston-Super-Mare
	gezeltet (Landschaft schön, Wetter furchtbar).
17. August:	Culpeppers Freunde besucht
	(langweilig). Abends: Disko in Bristol (toll).
18. August:	Heimreise (sehr traurig).

Besuch bei der Familie Rößler

Die Rheinfahrt fand ich besonders toll.

Catherine has been staying with the Rößler family near Mainz. She must now write to thank them . . .

..., den ... ...

Liebe Frau Rößler, Lieber Herr Rößler,

Ich bin gestern abend gut nach Hause gekommen. Die Reise war lang und etwas anstrengend, aber ich konnte heute morgen richtig ausschlafen, weil wir keine Schule haben.

Ich möchte Ihnen sehr herzlich für Ihre liebevolle Gastfreundschaft danken. Es hat mir bei Ihnen prima gefallen, und ich habe mich sehr wohl gefühlt. Sie haben meinetwegen viele Umstände gemacht, und dafür bin ich Ihnen sehr dankbar. Den Ausflug nach Koblenz und die Rheinfahrt fand ich besonders toll. Ich habe mich auch sehr gefreut, Ihre Familie endlich mal kennenzulernen.

Ich hoffe, daß Renate genausoviel Spaß bei uns haben wird. Meine Eltern lassen schön grüßen und würden sich sehr freuen, Sie einmal hier zu haben.

Herzlichen Grüße und nochmals vielen Dank, Ihre

Hast du verstanden?

35
a How did Catherine find the journey home?
b Why was she able to sleep in?
c What did she find particularly great?
d What was she also pleased to be able to do?
e What does she say about Renate's visit to her?
f What does she say about her parents?

Wie man sich bedankt

Ich möchte Ihnen	sehr herzlich	für	Ihre Gastfreundschaft alles meinen wunderbaren Aufenthalt (*stay*)	danken
Ich möchte mich				bedanken

◆Mark beschwert sich

When Mark was on holiday in Germany he bought something, but he is now forced to make a complaint:

> Firma Block und Blockhaus
> Königsallee 12
> 7500 Karlsruhe
>
> Sehr geehrte Herren,
>
> Am 12.8.92 kaufte ich den beiliegenden Fotoapparat bei Ihnen, aber ich war sehr enttäuscht festzustellen, daß er nicht funktioniert. Ich lege die betreffenden Fotos bei, damit Sie sehen können, wo das Problem liegt.
>
> Die Quittung für DM 150 lege ich auch bei. Ich wäre Ihnen sehr dankbar, wenn Sie mir bitte entweder einen Ersatzapparat oder das Geld dafür schicken könnten.
>
> Hochachtungsvoll,
>
> Mark Newman

Hast du verstanden?

36
a What did Mark buy on 12th August?
b What is wrong with it?
c How does he show the firm that this is the case?
d What does he enclose with his purchase?
e What does he ask the firm to do?

Note the following useful phrases:

Ich lege *I enclose*	die Quittung die betreffenden (*relevant*) Fotos meine Adresse meine Telefonnummer	bei
Ich wäre Ihnen sehr dankbar, wenn . . . (*I would be very grateful if . . .*)		

Du bist dran!

37 You have bought a videotape (*eine Videokassette*) in Germany, only to discover that it doesn't play properly. Write to the shop in Germany to make your complaint:

- Address the letter formally.

- Say that the article doesn't work.
- Say that you enclose the article and the receipt.
- Say that you would like another tape (*Ersatz . . .*) or your money back.
- End the letter formally.

◆ Ich habe etwas liegenlassen!

Sehr geehrte Damen und Herren!

Letztes Wochenende (20.6.) habe ich mit meiner Familie auf ihrem Campingplatz zwei Nächte lang gezeltet. Unsere Plätze waren nebeneinander unten am Fluß. Als wir am Sonntagabend zu Hause angekommen sind und alles ausgepackt haben, haben wir sofort bemerkt, daß ein blauer Schlafsack nicht dabei war. Sollte er aufgegeben werden, rufen Sie bitte Stuttgart 86 20 18 an. Ich danke Ihnen herzlich im voraus für Ihr Entgegenkommen,

Hochachtungsvoll

Peter Mahlke

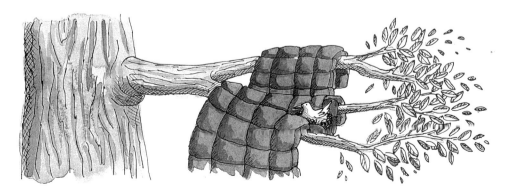

Hast du verstanden?

38

a What had the family been doing the
   previous weekend?
b What have they left behind?
c Where exactly might they have left it?

d What do they wish the camping
   administrator to do?

> Ich danke Ihnen im voraus für Ihr
> Entgegenkommen (*Thank you very much in
> anticipation for your co-operation/helpfulness*).

◆ Ich habe etwas verloren!

An die Verwaltung des Fundbüros Heilbronn

Sehr geehrte Damen und Herren!

Am 4.6. hat meine Tochter im Bus von der Stadtmitte
Heilbronn nach Besigheim ihre neue Sandalen
liegenlassen. Sie sind aus blauem Leder und braunem Holz
und befinden sich in einer weißen Plastiktüte mit der
blauen Aufschrift 'Birkenstock'. Wenn sie zufällig bei
Ihnen aufgegeben worden sind, dann rufen Sie mich bitte
an. Meine Telefonnummer ist folgende: Besigheim 69 48 26.

Ich danke Ihnen im voraus,

Hochachtungsvoll,

Ihre

Brigitte Neumann

Hast du verstanden?

39

a What has been lost, when and where?
b How would one identify the lost articles?
c What is Brigitte Neumann asking the lost
   property office to do?

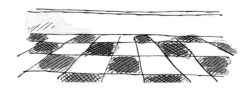

Ich habe	eine Tasche einen Schlafsack	im	Bus Zimmer Nr 4	liegenlassen

Am 28 September Am Samstag Letzte Woche	habe ich	eine Tasche	im	Bus Zug	liegenlassen

Wenn sie zufällig Sollte sie/er	bei Ihnen	aufgegeben worden sind/ist, aufgegeben werden,	rufen Sie bitte . . . an schreiben Sie bitte an . . .

Du bist dran!

40 You think you have left your camera behind in your hotel. Write to the hotel using the following seven points, asking them to contact you if they find it:

- Begin the letter formally.
- Say when you were staying there and which room you were in (Zimmer Nummer . . .).
- Say that you left your camera in the room (im Zimmer).
- Ask them to ring you if they find it.
- Give your telephone number.
- Thank them in advance for their help.
- Sign off formally.

41 Construct your own letter to a lost property office, using the following six points:

- Say that you have lost a plastic bag with your trainers in.
- Say that you left them on the tram between Mannheim and Leutershausen.
- Describe them and the plastic bag.
- Ask them to ring you (you are staying with your penfriend) if anyone hands them in.
- Thank them in advance for their help.
- Sign off formally.

◆ Plätze reservieren

Eine Reservierung in der Jugendherberge

Lieber Herbergsvater,

ich möchte vom 29. bis einschließlich 31. Juli zwei Plätze für meine Freundin und mich reservieren. Wir brauchen auch Bettwäsche und möchten jeden Tag Frühstück und Abendessen in der JHB einnehmen.

Ich danke Ihnen im voraus.

Mit freundlichen Grüßen

Ihre *C. Brown.*

Carol Brown

Liebe Herbergsmutter,

ich beabsichtige, im August einige Tage in Ihrer Jugendherberge zu verbringen. Bitte reservieren Sie mir für den 6. und 7., eventuell auch den 8. August, einen Platz. Ich möchte auch Bettwäsche entleihen und Frühstück und Abendessen in der Herberge einnehmen. Ich lege einen internationalen Antwortschein bei und freue mich auf eine baldige Bestätigung.

Mit bestem Dank

Ihr

James Norris

James Norris

Hast du verstanden?

42 Answer the following questions about the letters to youth hostels:

a When does Carol Brown want to stay at the hostel?

b Who is she booking for?

c What else is she booking?

d What are her requests about meals?

e What dates does James Norris wish to stay at the youth hostel?

f Is each of the dates definite?

g What are his requests about meals?

h What does he enclose?

i What does he ask the warden to do?

Was schreibt man an die Herbergseltern?

male: Lieber Herbergsvater	
female: Liebe Herbergsmutter	
a couple: Liebe Herbergseltern	

Ich bin ein	Mädchen
	Junge
Wir sind zwei	Mädchen
	Jungen

Ich möchte bitte für	eine Nacht zwei Nächte	vom . . . bis zum . . . Juli	einen Platz zwei Plätze ein Bett zwei Betten	reservieren
Bitte reservieren Sie für den . . . und eventuell den . . . Juli (*possibly*)			einen Platz zwei Plätze ein Bett zwei Betten	

Bettwäsche und Mahlzeiten

Ich möchte bitte	(keine)	Bettwäsche	entleihen
	(kein)	Frühstück Mittagessen Abendessen	einnehmen

Was legst du bei?

Ich lege einen	internationalen Antwortschein Umschlag für Ihre Antwort	bei

Schlußmachen

Ich freue mich auf eine baldige *I look forward to your quick*	Antwort *reply* Bestätigung *confirmation*

Du bist dran!

Liebe(r) _____

ich möchte bitte für _____
Nächte vom _____ bis zum
einschließlich _____ _____
(*month*) _____ Platz (¨e) reservieren.
Ich bin/wir sind _____ . Ich/wir
möchte(n) bitte _____ entleihen
und _____ einnehmen.

Ich danke Ihnen im voraus.
                    Ihr(e)

43 You can use the format above to help you write the following letters to German youth hostels. You may have to add to the format given.

a Book for two nights, 24th and 25th June. You are two boys. You need bed linen and want to have breakfast and evening meal.

b Book for three nights (possibly four), the 6th, 7th, 8th and possibly 9th May. You are two girls and one boy. You need bed linen and want to have breakfast and an evening meal. You enclose an envelope and an international reply coupon. You look forward to a quick confirmation.

c Book for one night for yourself, for the 14th July. You don't want bed linen but would like breakfast, lunch and evening meal. You enclose an international reply coupon and look forward to the warden's reply.

Eine Reservierung im Hotel

Sehr geehrte Damen und Herren,

ich möchte für den 1. und 2. März ein Einzelzimmer mit Dusche sowie ein Doppelzimmer mit Bad und Halbpension reservieren lassen.

Könnten Sie mir bitte die Reservierung bestätigen und den Preis angeben. Könnten Sie mir bitte auch sagen, ob eine Anzahlung nötig ist. Ich füge einen adressierten Umschlag und einen internationalen Antwortschein bei und freue mich auf eine baldige Antwort.

Mit freundlichen Grüßen
Ihre

Margaret Llewellyn

Margaret Llewellyn

Hast du verstanden?

44 Answer the following questions about Margaret Llewellyn's letter:
  a What rooms does she book and what facilities do they have?
  b What does she ask the hotel to do in reply to her letter?
  c Does she want the hotel to provide all meals for her and her party?

Um ein Hotelzimmer zu reservieren

Ich möchte ein	Einzelzimmer Doppelzimmer	mit	Bad Dusche Halbpension *half-board* Vollpension *full-board*	für den ... März reservieren.
Ich bitte um die Reservierung eines	Einzelzimmers Doppelzimmers			

Ich möchte ein Einzelzimmer mit Dusche.

Wie du um Information bittest

Könnten Sie mir bitte	eine	Bestätigung schicken *send a confirmation* Preisliste schicken *send a price list*
		die Reservierung bestätigen *confirm the booking* den Preis angeben *give the cost*
Ich bitte um eine	Bestätigung Preisliste	

Brauchen Sie eine Anzahlung?

Könnten Sie mir bitte sagen, ob eine Anzahlung nötig ist?
Ist eine Anzahlung nötig?

Du bist dran!

45 Using the tables above and on page 45, write to a hotel requesting the following:

a A double room with a bath for the 20th September.
You would like your booking to be confirmed.
You enclose a self-addressed envelope and an international reply coupon.

b A double room and two single rooms with a bath or shower, for the 25th and 26th October, full board. You want the hotel to confirm the booking. Ask if they would like a deposit.

c Two single rooms both with showers for the 4th August, breakfast and evening meal only.
Ask the hotel to confirm your booking and state the cost.

Eine Reservierung auf dem Campingplatz

> An die Verwaltung des
> Campingplatzes »Hohe Berge"
>
>   ..., den ... ...
>
> Sehr geehrte Damen und Herren!
>
> Hiermit bitte ich Sie, mir einen Zeltplatz für die Zeit vom 7. bis zum 15. August zu reservieren.
>
> Wir sind vier Personen - zwei Erwachsene und zwei Kinder - und haben ein Zelt und ein Auto.
>
> Bitte teilen Sie mir mit, ob auf dem Campingplatz, beziehungsweise in der Nähe, ein beheiztes Schwimmbad ist.
>
> Für eine Bestätigung unserer Reservierung wären wir Ihnen sehr dankbar.
>
> Mit freundlichen Grüßen
>
> _Robert North._
>
> Robert North

N.B. beziehungsweise = or, alternatively

Hast du verstanden?

46 Answer the following questions about Mr. North's letter:

a What is Robert North reserving and for how long?

b What does the family consist of?

c What is their means of transport?

d What questions does he ask about the facilities on or near the campsite?

e What does he want the campsite to send him?

Was du möchtest und für wie lange

Hiermit bitte ich Sie, mir einen	Zeltplatz Wohnwagenplatz	für die Zeit vom . . . bis zum . . . zu reservieren

Für wieviele Personen

Wir sind . . . Personen: . . . Erwachsene und	ein Kind zwei Kinder keine Kinder

Was bringst du mit

Wir haben	ein Zelt zwei Zelte einen Wohnwagen	und	ein Auto ein . . . Fahrrad/Motorrad Fahrräder/Motorräder

Was der Campingplatz zu bieten hat

Bitte teilen Sie mir mit, ob	auf dem Campingplatz in der Nähe	ein beheiztes Schwimmbad ein Tennisplatz ein Restaurant ein Gasthaus ein Lebensmittelgeschäft *grocery shop*	ist

Wenn du eine Bestätigung möchtest

Für eine Bestätigung	meiner unserer	Reservierung	wäre ich wären wir	sehr dankbar

Du bist dran!

7 Practise writing letters to a campsite, including the following points:

a Book a site for a tent for 3rd–7th August, for two adults with two motor-bikes. Ask if there is a swimming pool on site. Ask for your booking to be confirmed.

b Book a site for a caravan for 21st–28th June, for two adults and one child travelling by car. Ask if a cinema is near the campsite.

c Book a site for two tents for 1st–5th September, for four adults with no children, travelling in one car. Ask if there is a tennis court or, alternatively, a swimming pool on the campsite. Ask for your booking to be confirmed.

Wir haben zwei Motorräder und ein Zelt.

◆ Der Tourismus und seine Wirkungen

Wilhelm Hocker visits some scenes from his childhood, and is bitterly disappointed.

Rhein-Neckar Zeitung

An die Redaktion

Sehr geehrte Herren!

Nachdem ich Ihren Bericht über Wintersport im Allgäu gelesen hatte, bekam ich plötzlich große Lust, wieder mal dorthin zu fahren. Denn er hat mich stark erinnert, wie ich mit meiner Familie jeden Winter ein paar Wochen dort verbrachte. Außerdem hat mir mein Vater dort Skifahren beigebracht. Es war einmal unheimlich reizvoll, ein richtiger Paradies, und ich habe mich so darauf gefreut, wieder die pure Luft des Berglandes einzuatmen.

Aber was mußte ich vorfinden, als ich endlich aus dem Verkehrsstau raus war? Eine Menge Hotels, so hoch, daß man keinen Berg mehr dahinter sieht, Tausende Bars und Restaurants, laute Musik und Menschenmassen aus aller Welt! Und wenn man sich endlich zur Stadtmitte hinausgekämpft hat, findet man keine natürliche, tadellose Landschaft, sondern Seilbahnen, Parkplätze, Cafés, noch mehr laute Musik, zig Skifahrer und überall stinkende Autos. Statt einer makellosen Schönheit haben wir einen grellen Tummelplatz für reiche Wintersportler und geizige Hotelbesitzer. In Spanien, in Griechenland und jetzt auch in der Türkei ist die unberührte, wunderschöne Landschaft völlig verändert. Muß das sein?

Ihr Wilhelm Hocker

Hast du verstanden?

48
a Why did Herr Hocker decide to go to the Allgäu?
b What were his impressions of the town centre?
c What did he find outside the town?
d What is there 'in the place of natural untarnished beauty'?
e What are his comments on other countries?

49 Write a similar letter to the one above describing recent changes in a place you know well.

Feste

♦ **Weihnachtszeit in Deutschland**

Liebe Binixa!

In zwei Wochen ist Weihnachten! Ich bin schon sehr aufgeregt, weil das bei uns ein großes Fest ist und die ganze Familie (Om Opa, Tante Ilse und Onkel Rudi, mein Vetter Christian und meine Kusine Monika) zu Besuch kommt. Ich erzähle Dir jetzt wie wir unser Weihnachtsfest verbringen, weil es sicher anders ist als bei Euch.

Es beginnt für uns am Heiligen Abend (24. Dezember), wenn wir a Morgen zum Weihnachtsmarkt vor dem Rathaus gehen. Da kauft wir allerlei kleine Geschenke und trinken Glühwein an einer Bude. Am Nachmittag schmücken wir den Weihnachtsbaum und am Abend sitzen wir alle mit einem Glas Wein um ih herum. Dann ist die Bescherung, das heißt, die vielen Geschenk die unter dem Weihnachtsbaum liegen, werden ausgeteilt. Um sieben Uhr essen wir etwas Festliches, zum Beispiel Karpfen ode Hirsch. Um kurz vor zwölf Uhr ziehen wir uns richtig warm an und gehen alle zusammen in die Kirche zur Weihnachts messe. Für uns Katholiken ist diese Messe immer der Höhepunkt von Weihnachten.

Am nächsten Tag, dem 25. (dem ersten Weihnachtstag) besuchen wir normalerweise meine andere Großmutter - oder manchmal kommt sie zu uns. Am zweiten Weihnachtstag gehen wir alle irgendwohin - z.B. wandern oder Schlittschuh laufen oder, wenn wir Pech haben, besuchen wir nochmals

Verwandte oder Bekannte meiner Eltern!
Wie Du sehen kannst, ist der Heilige Abend die schönste Zeit
für uns. Ist das auch so in England?
Schreib bald – und fröhliche Weihnachten!
Deine Laura.

1 Fill in (in English) how Laura and her
family spend Christmas:
   a 24th December:
   b 25th December:
   c 26th December:

**Laura also sends a Christmas
card to Binixa's parents**

Mit herzlichen
Grüßen zu
Weihnachten
und einen
guten Rutsch
ins neue
Jahr!

Wir trinken Glühwein an einer Bude.

Die Bescherung

◆ Divali – Fest der Lichter

Divali

Liebe Laura !

Vielen Dank für Deine Weihnachtskarte ! Meine Familie macht Weihnachten so einigermaßen mit , aber unser großes Fest ist Divali , was auch ein Fest der Lichter ist . Wie Du weißt , stamme ich aus einer indischen Familie . Meine Großeltern haben nämlich früher im Land Pundschab gelebt , und dann sind sie 1948 nach England ausgewandert . Meine Mutter und mein Vater sind hier in Birmingham geboren , aber wir haben noch immer unsere eigenen Sitten und Feste .

Divali findet im November statt und dauert 5 Tage . Es ist eine sehr glückliche und bunte Zeit . Wir ziehen unsere besten und schönsten Kleider an , wir machen Besuche , und wir tauschen Geschenke aus , oder geben uns Geld . Wir gehen in den Tempel , wo wir uns bei der Göttin Lakshmi , der Göttin des Wohlstandes , bedanken . Dann hoffen wir , daß sie uns auch im nächsten Jahr hilft und daß die Welt besser wird , denn Divali ist für uns der Anfang des neuen Jahres und auch die Zeit , wo wir den Sieg des Guten über das Böse feiern . Wir stellen Lichter ans Fenster daheim und bei der Arbeit , damit Lakshmi klar zum Fenster hineinsehen kann . Wir backen Süßigkeiten und Kuchen , aber kein Fleisch , weil es ein religiöses Fest ist und Fleisch für fromme Hindus sowieso nicht erlaubt ist .

Hoffentlich besuchst Du uns irgendwann zu dieser Zeit !

Mach's gut !

Binixa

Hast du verstanden?

- Where were Binixa's parents born?
- Where did her grandparents come from?
- What do the family do at Divali?
- Who is Lakshmi?
- Why do people put lights in their windows?
- What does Divali represent?
- What do people eat at this time? Why don't they eat meat?
- How does Binixa end her letter?

Du bist dran!

3

a Write a short letter describing how you spend either Christmas or another important festival.

b Design your own Christmas card to send to someone you know in a German-speaking country.

◆ Karneval!

München, den 12. Jan.

Lieber Simon!
Danke für die Weihnachtskarte und die Neujahrsgrüße. Es ist jetzt richtig kalter Winter: zwanzig Zentimeter Schnee liegen auf den Straßen, aber wir kommen schon durch!

Mich würde mal interessieren: warst Du schon mal in der Faschingszeit in Deutschland? Fasching ist mitten im Februar und ist unsere große Karnevalzeit. Am Faschingssonntag und am Rosenmontag ist bei uns ein riesiges Fest mit Partys auf den Straßen und einem riesigen Zug durch die Stadt. Man verkleidet sich, die Kneipen sind brechendvoll und überall sind Maskenbälle. Das ist wirklich eine fantastische Stimmung! Könntest Du uns zu dieser Zeit in München besuchen? Fasching sollte man mindestens einmal im Leben mitmachen. Komm doch mal! Sag mir Bescheid und wir holen Dich vom Flughafen ab.

Tschüs

Armin

Hast du verstanden?

4
a What does he thank Simon for?
b What does he say about the weather?
c When does Fasching take place?
d What does Armin say about the celebrations at Fasching?
e What suggestion does he make to Simon?

5 Wie sagt man das auf Deutsch?
a There is really a wonderful atmosphere;
b you should experience Fasching at least once in your life;
c let me know;
d do come!

Fasching

◆ Herzliche Grüße zum Geburtstag!

Lieber Rolf,

vielen Dank für Deinen Brief. Morgen (am neunzehnten
März) habe ich Geburtstag. Ich bin dreizehn Jahre
alt. Zum Geburtstag bekomme ich ein Rad von meinen
Eltern und (hoffentlich!) einen Kassettenrekorder
von meiner Oma. Prima, nicht? Wann hast Du
Geburtstag? Sag mir Bescheid, dann schicke ich
Dir eine Karte oder ein Geschenk.

Morgen abend gehen wir alle (meine Eltern, meine Oma
und Anna, meine Freundin) ins Restaurant. Was machst
Du an Deinem Geburtstag? Gehst Du aus oder gibst Du
eine Party? Ich freue mich auf Deinen nächsten
Brief.

Schöne Grüße

Stephen

Hast du verstanden?

a When is Stephen's birthday?
b How old will he be?
c What is he getting for his birthday and from whom?
d What is he doing the following evening and with whom?

e What may Stephen send Rolf?
f Stephen asks three questions in his letter. Write them out and say what they mean.

◆ Wann hast du Geburtstag?

> **Ich habe am zwölften April Geburtstag.**
> (*My birthday is on the twelfth of April.*)
>
> Remember, dates are written like this:
> **am** number + **ten** e.g. **am fünften Mai**
>
> numbers zwanzig upwards:
> **am** number + **sten** e.g. **am zwanzigsten September**
>
> But watch the exceptions: **am ersten** (first)
>   **am zweiten** (second)
>   **am dritten** (third)

Du bist dran!

7
  a Write down in German when your birthday is:
     Ich habe . . .
  b Write down your best friend's birthday:
     Sie/Er hat . . .
  c Write down your mother's/father's birthday:
     Sie/Er hat . . .

Was bekommst du zum Geburtstag?

How to say what you are getting for your birthday, what you would like or what you got for your last birthday.

Ich	bekomme *am getting* möchte *would like*	ein	Rad Buch Videogerät	zum Geburtstag
		einen	Kassettenrekorder Plattenspieler	
		eine	Platte Geld	
	habe			zum letzten Geburtstag bekommen

Was machst du an deinen Geburtstag?

An meinem Geburtstag	gebe ich eine Party gehe ich aus mache ich nichts besonderes *I am not doing anything special* habe ich eine Party gegeben bin ich ausgegangen habe ich nichts besonderes gemacht

An meinem Geburtstag habe ich eine Party gegeben.

Stephen has received the following postcard from Rolf

Herzlichen Glückwunsch zum Geburtstag sendet Dir Rolf! Viel Spaß an Deinem Geburtstag! Meine Eltern lassen Dich auch schön grüssen. Ich schicke Dir gleich ein kleines Geschenk und freue mich sehr auf unser Wiedersehen im nächsten Monat.
Alles Gute, Rolf

Du bist dran!

8

a Write a few lines in German: Say when your birthday is, what you would like as a present and what you usually do. (Now try the same in the past tense!)

b Design a birthday card to send to your penfriend in Germany.

Anke write to Charlene

Liebe Charlene,

Danke für Deine schöne Geburtstagskarte. Ich habe sie vorgestern einen Tag vor meinem Geburtstag bekommen. Es hat mir echt gestunken, daß ich an meinem Geburtstag in die Schule gehen mußte, aber meine Eltern haben darauf bestanden.

Aber weißt Du was? In der Schule war die Heizung kaputt, und es war zu kalt, um in den Klassenzimmern zu sitzen. Yo, ein Tag schulfrei, und gerade am Geburtstag! Was 'n Glück, was? Rainer und ich sind also ins Eisstadion gegangen und nachher ins Kino. Rainer hat alles bezahlt!

Zu Hause hat meine Familie etwas Schönes für mich vorbereitet: einen großen Geburtstagskuchen mit fünfzehn Kerzen darauf und zum Geburtstag ein neues Rad. Toll, nicht? Aber das beste Geschenk war unser schulfreier Tag! Ob die Heizung noch am Montag kaputt sein wird?!

Also, ich mache jetzt Schluß.

Sei lieb gegrüßt,
Anke

Stimmt das?

9
a Charlene's birthday card arrived today.
b Anke spent her birthday in school.
c The family had prepared a birthday cake for Anke.
d The cake had sixteen candles on it.
e Anke had a bike and a new coat for her birthday.

10 Wie sagt man das auf Deutsch?
a I was fed up!
b My parents insisted on it.
c What a stroke of luck, eh?
d I'm going to sign off now.

Ich hatte einen großen Geburtstagskuchen mit fünfzehn Kerzen darauf.

11 Write a short letter describing how you spent your last birthday.

◆ Hochzeit!

Liebe Liesl,

Meine Schwester läßt Dich schön grüßen und dankt Dir recht herzlich für die hübschen Kerzenhalter, die Du und Deine Eltern ihr zur Hochzeit geschenkt habt. Sie schreibt selber, wenn sie und Darren aus ihren Flitterwochen zurückkehren.

Ich kann kaum glauben, daß sie endlich verheiratet sind. Sie waren fast fünf Jahre verlobt. Die Hochzeit war sehr schön. Hundert Gäste waren da in der Kirche, und noch mehr sind zu einem großen Fest eingeladen worden. Linda hat in ihrem langen weißen Kleid wunderschön ausgesehen. Als Brautjungfer habe ich ein langes Kleid aus blauer Seide angehabt, und meine kleine Kusine hat ein kurzes Kleid (auch in Blau) getragen. Meine Mutter hatte ein sehr schickes Kostüm in Rosa und Weiß an mit einem sehr eleganten Hut dazu. Ich fand, alles hat ihr sehr gut gestanden, aber mein Vater sagte 'Jeans stehen Dir viel besser, Sandra!'. Gemein, nicht? In seinem neuen dunklen Anzug sah er sehr seltsam aus. Jeans und Trainingsanzüge trägt er immer lieber!

Kleidet man sich auch in Deutschland so fein für eine Hochzeit?

Ich schicke Dir bald ein paar Fotos, und, wie gesagt, Linda schreibt auch selber.

Schöne Grüße an Deine Eltern.

Grüße und Küsse

Becky

Hast du verstanden?

12

a What does Becky thank Liesl for?
b Why hasn't her sister written herself?
c How long had her sister and her fiancé been engaged?
d Describe the clothes that Becky and her family wore to the wedding.
e What was her father's reaction to her mother's outfit?
f How did he look in his new suit?
g What is his preferred dress?
h What does Becky's final question mean?

◆ Kleidung – was du trägst, welche Farbe und aus welchem Stoff?

You can use two different verbs for wearing clothes: tragen or anhaben

Ich trage/sie trägt				

Ich habe	ein Kleid
	einen Rock
	ein Kostüm
	   skirt and jacket
	einen Pullover
	einen Anzug/
	Hosenanzug
	   suit
	Jeans
	eine Jacke
	eine Bluse
	ein Hemd
		in Blau	aus Seide	getragen

Sie hat		in Grün in Braun in Rot in Rosa/Gelb/ Violett usw	aus Samt (*velvet*) aus Baumwolle aus Wolle	an

Steht dir das?

Das Kleid	steht	dir	(sehr) gut	
Der Pullover Der Rock Das Kostüm Der Anzug	hat	mir ihr ihm	(überhaupt) nicht	gestanden

Du bist dran!

13 Using the grid above describe what the following are wearing and if the clothes suit them or not, for example:

Renate: A blue suit (it does suit her)
Renate trägt ein Kostüm im Blau. Es steht ihr gut.

a Karin: A silk dress (it does suit her)
b Annegret: a cotton trouser suit (it doesn't suit her)
c Martin: a black suit and a white shirt (they suit him very well)
d Sabine: a pink skirt and green blouse (they don't suit her at all)
e Thomas: jeans and a yellow pullover (they suit him)

14 Now do the same exercise but use the past tense!

15 Say what you would wear to the following events and begin *Zur Disko trage ich . . .*
a Zur Disko

b Zum Einkaufen
c Zum Geburtstagsfest
d Zur Schule
e Zur Hochzeit
f Zum Fußballspiel

16 Write a letter to your penfriend describing a special occasion you attended recently. Describe:
● what it was
● where it was held
● what you and your family/friends wore

Der steht Ihnen gar nicht so gut, mein Herr.

Jetzt wird geprüft!

Liebe Susan,

Es tut mir leid, daß ich so lange nicht geschrieben habe. Wie Du weißt, waren wir drei Wochen bei meiner Oma in Dresden und haben ihr beim Umzug zu uns nach Dortmund geholfen. Sie wohnt jetzt bei uns, bis eine Wohnung für sie in der Stadt frei ist.

Vielen Dank für die Geburtstagskarte und das sehr schöne Geschenk. Ich habe mich riesig gefreut, daß Du an meinen Geburtstag gedacht hast. Und wie hast Du gewußt, daß ich diese Gruppe so gern habe? Ich spiele die Kassette jeden Tag – das geht meiner Großmutter voll auf die Nerven!

Ich habe jetzt eine kleine Bitte an Dich: Mein Vetter, Thomas, will auch gern einen Brieffreund in Großbritannien haben. Kennst Du vielleicht jemanden in Deinem Bekanntenkreis, der daran Interesse haben würde? Er ist neunzehn Jahre alt, macht eine Lehre als Maschinenschlosser und hat Englisch in der Schule gelernt. Er treibt sehr gern Sport. Er spielt Volleyball für eine sehr gute Dortmunder Mannschaft und geht jeden Winter Skilaufen – wenn er es sich leisten kann. Mit seinen Freunden geht er jede Woche kegeln, und manchmal lädt er mich auch dazu ein. Er ist etwas still und schüchtern, aber sehr nett. Wir verstehen uns sehr gut, obwohl der Altersunterschied ziemlich groß ist. Naja, was denkst Du? Kennst Du jemanden für ihn? Sag mir Bescheid, und ich gebe ihm den Namen und die Adresse.

Also, was machst Du denn im Sommer? Hättest Du Lust, uns zu besuchen? Meine Eltern und ich würden uns sehr freuen. Wir haben ab 18 Juli sechs Wochen Schulferien und fahren erst am 20 August selber weg. Dazwischen haben wir nichts vor.

Schöne Grüße an Deine Familie! Hoffentlich klappt es mit Deinem Deutschlandbesuch. Schreib bald!

Deine

Claudia

Hast du verstanden?

a Why have Claudia and her family been in Dresden recently?

b Why does she thank Susan?

c What irritates her grandmother?

d Who is Thomas?

e Why does Claudia write about him?

f What does he do for a living?

g Who does he play volleyball for?

h What puts a limitation on his skiing?

i What does he do every week?

j Describe Thomas' character.

k When does she suggest Susan makes a visit?

Liebe Emma!

Ich habe etwas Schönes zu erzählen. Ich bin jetzt Tante geworden, weil mein Bruder Martin und seine Frau Inge ein Kind bekommen haben. Es ist ein Mädchen, und sie heißt Anneliese, wie ich! Toll, nicht? Ich freue mich sehr und die ganze Familie auch. Inge und die kleine Anneliese sind beide gesund und kommen am Wochenende vom Krankenhaus zurück. Martin hat gerade angefangen, das Kinderzimmer schnell zu tapezieren und zu streichen – in Rosa natürlich! Ich habe jetzt ein Problem: Die Taufe findet am dritten August statt, und ich möchte sehr gern dabei sein. Wäre es möglich, meinen Besuch bei Dir ein paar Tage zu verschieben? Ich könnte dann am fünften August statt am zweiten losfahren. Was denkst Du? Du hattest auch gesagt, daß Du mir beschreiben würdest, wie ich vom Bahnhof zu Dir komme. Kannst Du mir bitte Bescheid sagen?

Also, schreib bald!
Alles Gute
Deine Anneliese ♡

Hast du verstanden?

2

a What good news does Anneliese report?
b Why does she say 'Toll, nicht?'?
c What is happening at the weekend?
d What has Martin started to do?

e What gives Anneliese a problem?
f How does she propose to resolve it?
g When does she suggest setting off?
h What has Emma forgotten to do?

Lieber James!

Danke für Deine Karte aus Cornwall. St. Ives sieht sehr schön aus. Es freut mich, daß bei Euch gutes Wetter war. Ist der Frühling in England immer so schön?

Seitdem wir vor zwei Monaten nach Hannover gezogen sind, besuche ich eine neue Schule. Ich fühle mich schon einigermaßen zu Hause. Die Schule ist fast zweimal so groß wie die in Alfeld und hat fast zweitausend Schüler und Schülerinnen. Die Stimmung ist ganz anders, wie Du Dir denken kannst. Die Schule hier ist sehr neu und modern mit großen, hellen Klassenzimmern - viel besser als die schäbigen, dunkeln Zimmer in der alten Schule. Wir haben vier Zimmer voller Computer, wo wir Informatik lernen, und dazu haben wir noch ein riesiges Sprachlabor, das groß genug für vierzig Personen auf einmal ist. Na ja, das sind die Vorteile, aber mir fehlen meine festen Freunde von der alten Schule. Da die andere Schule so klein war, habe ich ja fast alle gekannt. Weil diese Schule so groß ist, dauert es eine Weile, bis ich einige gut kenne. Aber das kommt bestimmt mit der Zeit. Alle meine Lehrer und Lehrerinnen sind in Ordnung, aber ich vermisse einige von der alten Schule, besonders Herrn Dannenhaus, den ich 5 Jahre lang in Englisch hatte.

Wenn Du im Juli zu uns kommst, kannst Du eventuell mit mir in die Schule gehen, damit Du erfährst, wie es in einer deutschen Schule aussieht.

Ich freue mich riesig auf Deinen Besuch. Mein Vater hat gesagt, daß wir eine Radtour an die Nordseeküste machen könnten. Was meinst Du?

Einen schönen Gruß an Deine Familie und besonders an Dich sendet Dein

Uwe

Hast du verstanden?

3

a When did Uwe move and where to?
b How does he feel about his new school?
c Where did he live before?
d How big is the new school?
e Say two things that he likes about it.

f What are the drawbacks of the new school?
g Who is Herr Dannenhaus?
h What does he suggest they do when James visits in July?
i What has Uwe's father suggested?

Lieber Paul,

vielen Dank für Deinen schönen Brief und auch für die nette Einladung. Ich habe mich sehr gefreut. Es tut mir sehr leid, aber ich muß leider die Einladung ablehnen. Die Firma, wo mein Vater seit fünfzehn Jahren arbeitet, geht pleite, und er ist jetzt arbeitslos. Meine Eltern sagen, sie können es sich gar nicht leisten. Ich bin sehr enttäuscht; aber unter den Umständen geht es nicht anders.

Ich habe aber eine Bitte an Dich. Meine Tante möchte auf dem Weg nach Schottland ein paar Tage in der Nähe von Deiner Heimatstadt verbringen. Kannst Du bitte schreiben, was für Möglichkeiten es dort für Touristen gibt? Ich wäre dankbar, wenn Du auch die Adresse des Verkehrsamtes schicken könntest.

Vielen Dank! Schreib bald!

Dein Christoph

---

4 Read Christoph's letter carefully. Imagine that you are Paul and write a suitable reply. Make sure that you respond to points in both paragraphs of the letter.

5 You are keen to see parts of Germany that were difficult to visit as an individual tourist before reunification. You have written to the tourist information office in Weimar and received a brochure on places to stay. You decide on the hotel 'Zum weißen Schwan'.

Now write a letter in German to the proprietor Herr Dieter Kellermann booking rooms for yourself, your uncle and aunt and your mother. Cover the following points:
- start and end your letter suitably
- say how you heard about the hotel and why you want to visit Weimar
- make a booking giving information about your party
- ask for two single rooms and a double, each with a shower
- say that you want half-board
- ask if you can get sandwiches/packed lunch as you will go out a lot during the day
- say that you will arrive on Saturday 20th July, stay a week and leave on Saturday 27th July.

6 After an exchange visit to Alfeld in Germany you are asked to write a report for the magazine of the exchange school in Alfeld about what you did every day during your visit. They also want you to say what you didn't like and why.

Write a report of about 100 words in German. The programme of the exchange is given to help you, but there is no need to mention every item.

Day 1	Morning – in school, attending classes
	Evening – reception in school and disco
Day 2	Morning – in school
	Afternoon – visit to the ice rink
Day 3	All day – walk in the Harz Mountains
Day 4	Morning – free for shopping
	Afternoon – visit to the local museum
Day 5	Morning – in school
	Afternoon – sport (games between British and German teams)
Day 6	Visit to the old university town of Göttingen

7 Your German teacher announces that a prize is being offered by your town/city's twin in Germany for the best letter to their local paper *Das Morgenblatt* from a school student. The letter should begin and end in the formal manner and cover all the following points (but not necessarily in this order):

- at least two reasons why you would like to visit Germany
- something about yourself and your family
- three ways in which you spend your time
- some good and bad points about your home town
- why you like travelling.

◆ Glossary

A

abbiegen	to turn
der Abend	evening
abfahren	to set off, depart
abhängig	dependent
abholen	to fetch, meet
das Abitur	advanced level study
ablehnen	to decline, turn down
abnehmen	to lose weight
abreisen	to leave, set off
absagen	to refuse
der Abschluß	conclusion
abschreiben	to copy
der Absender	sender (of letter)
die Absicht	intention
achtlos	thoughtlessly, carelessly
die Adresse	address
allerlei	all sorts of
alt	old
das Altersheim	home for the aged
die Altstadt	old town, old city
die Ampel	traffic light
anbauen	to grow (vegetables etc.)
anbei	enclosed
ander-	other, different
ändern	to change
anderthalb	one and a half
der Anfang	beginning
der Anfänger	beginner
angeben	to give, to state
angeln	to fish
die Angestellte	employee (female)
der Angestellte	employee (male)
ankommen	to arrive
die Ankunft	arrival
anlocken	to entice, to attract
sich anmelden	to register, to book
annehmen	to accept
anpumpen	to borrow money from someone, to touch (for money)
anrufen	to ring up, to telephone
anschließend	subsequently
die Ansichtskarte	picture postcard
ansprechen	to address, speak to
anstrengend	tiring, strenuous
der Antwortschein	reply-paid coupon
die Anzahlung	advance payment
die Anzeige	advert, announcement
anziehen	to put on (clothes)
der Anzug	suit
die Apotheke	chemist's, pharmacy
arbeitslos	unemployed
das Arbeitslosengeld	unemployment benefit
ärgern	to annoy
arrogant	arrogant
der Arzt, die Arztin	doctor (medical)
aufdringlich	intrusive
auf einmal	all at once
der Aufenthalt	a stay
aufgeben	to give up
aufgeregt	excited, agitated
aufgeschlossen	open-minded
aufhaben	to be open
aufhören	to stop
aufpassen auf	to look after
aufschlagen	to put up (tent)
die Aufschrift	address, label
aufstehen	to get up
die Augen	eyes
aus	finished, over (school)
die Ausfahrt	exit (motorway)
der Ausflug	trip, excursion
ausgezeichnet	excellent
sich auskennen	to know your way about, to be well versed in something
(gut) auskommen	to get on (well)
die Auskunft	information
auspacken	to unpack
das Auspuff	exhaust (car)
ausreichend	sufficient, acceptable
ausschlafen	to sleep in, well
aussehen	to look, appear
der Austausch	exchange
der Austauschpartner	exchange partner
austeilen	to distribute, share out
austragen	to deliver
austrinken	to drink up
das Auto	car
die Autobahn	motorway
das Autobahnkreuz	motorway junction

B

der Bach	stream
der Bäcker	baker
das Bad	bath
das Badezimmer	bathroom
die Bahn	railway
der Bahnhof	railway station
die Bahnhofshalle	station concourse
bald	soon
der Balkon	balcony
die Bànk	bank
basteln	to make models, to do handicrafts
der Bau	building, construction industry
das Baugeschäft	building firm
die Baustelle	building site
die Bauchschmerzen	stomachache
die Baumwolle	cotton
beabsichtigen	to intend
der Beamte	official, civil servant
sich bedanken	to thank
bedauern	to regret
die Beerdigung	funeral
begabt	gifted
begeistert	thrilled
beginnen	to begin
beheizt	heated
bei	at the house of, at
beibringen	to teach
beifügen	to enclose (formal)
beilegen	to enclose
beiliegen	to be enclosed
das Bein	leg
der Bekannte	acquaintance
bekommen	to receive
beliebt	popular, well loved
bemerken	to notice

bereuen	to be sorry, to regret
der Berg	mountain, hill
der Bergmann	miner
bergsteigen	to mountaineer
berichten	to report
der Beruf	profession, career
die Berufsberatung	careers guidance
berühmt	famous
die Beschäftigung	occupation, activity
Bescheid geben, Bescheid sagen	to inform
die Besichtigung	a visit, an inspection
besonders	especially
besprechen	to discuss
bestätigen	to confirm
die Bestätigung	confirmation
bestehen	to exist
bestehen auf	to insist on
bestimmt	definitely
der Besuch	visit
besuchen	to visit
	to attend (school)
betreffen	to concern, to relate to
betreuen	to look after
beurteilen	to judge, to criticise
das Bett	bed
die Bettwäsche	bed linen
bezahlen	to pay
die Beziehung	reference
beziehungsweise	or alternatively
das Bierfest	beer festival
das Bild	picture
bieten	to offer
billig	cheap
die Bitte	request
bleiben	to stay, remain
der Blick (auf)	view (of)
blöd	stupid, silly
blond	blond
brauchen	to need, to use
die Braunkohle	lignite, brown coal
die Brautjungfer	bridesmaid
die Bremsen	brakes
der Brief	letter
der Brieffreund, die Brieffreundin	penfriend
die Briefmarke	stamp
der Briefwechsel	correspondence
der Brite, die Brite	Briton
die Broschüre	brochure
der Bruder	brother
buchen	to book
der Buchhalter	book keeper
die Bude	booth, stall
bunt	colourful
die Burg	castle, fortress
das Büro	office
der Busfahrer	busdriver

C

der Campingplatz	camp-site
die Chemie	chemistry

D

dafür	for it/that, in favour of it
dagegen	against it, on the other hand
dankbar	grateful
danken	to thank
ich darf	I may, am allowed
dauern	to last
deshalb	therefore, for that reason
dick	fat
die Disko	discotheque
die Diskussion	discussion
doof	daft, silly
das Doppelhaus	semi-detached house
das Doppelzimmer	double room
das Dorf	village
dreckig	dirty, filthy
drüben	over there
der Durchfall	diarrhoea
dürfen	to be allowed to, may
die Dusche	shower
duzen	to say "du"

E

echt	genuinely, really
eh	anyway (colloquial)
ehemalig	former
einatmen	to breathe in
das Einfamilienhaus	house where one family lives
eingebildet	big-headed
einigermaßen	to some extent
einkaufen	to shop
das Einkaufszentrum	store, hypermarket
die Einladung	invitation
einnehmen	to take (meals)
einrichten	to organise, see to it
einschlafen	to fall asleep
einschließlich	inclusive
eintreffen	arrive (trains, vehicles)
der Eintritt	entrance (fee)
das Einzelzimmer	single room
der Elektriker	electrician
die Eltern	parents
empfehlen	to recommend
die Empfehlung	recommendation
empört	outraged
der Enkel	grandson, grandchild
entfernt	distant, away
das Entgegenkommen	kindness, agreement
entlang	along
entleihen	to hire, borrow
entscheiden	to decide
die Entsorgung	counselling
enttäuscht	disappointed
entweder . . . oder	either . . . or
entzückend	charming
die Erdkunde	geography
erfahren	to hear, learn, experience
die Erfahrung	experience
erhalten	to receive
sich erholen	to recuperate, get better
erkältet (sein)	(to have) a cold
die Erkältung	cold
erkennen	to recognise
sich erkundigen	to enquire, make enquiries
Ersatz-	replacement-, spare-
ersticken	to suffocate

erwachsen	*grown-up*
der Erwachsene	*adult*
erzählen	*to tell, chat*
essen	*to eat*
eventuell	*possibly*

F

die Fabrik	*factory*
das Fach	*subject*
weiter fahren	*to continue*
die Fahrerei	*constant driving about*
die Fahrkarte	*ticket*
das Fahrrad	*bike*
der Fahrstuhl	*lift*
auf jeden Fall	*in any case, by all means*
die Familie	*family*
der Fasching	*carnival*
faul	*lazy*
fehlen	*to be absent, missing*
er fehlt mir	*I miss him*
feiern	*to celebrate*
das Ferienhaus	*holiday house*
fernsehen	*to watch television*
der Fernseher	*television*
die Fernsehsendung	*television programme*
das Fest	*festival*
feststehen	*to be fixed, arranged*
das Fieber	*fever*
finden	*to find*
die Firma	*firm*
fleißig	*hard-working*
fliegen	*to fly*
Flitterwochen	*honeymoon*
der Flug	*flight*
der Flughafen	*airport*
der Flur	*entrance hall*
der Fluß	*river*
die Forelle	*trout*
das Foto	*photograph*
die Freizeit	*free-time, leisure*
das Fremdenzimmer	*bed and breakfast accommodation*
die Freude	*joy, pleasure*
sich freuen auf	*to look forward to*
sich freuen über	*to be pleased about*
der Freund	*friend (male)*
die Freundin	*friend (female)*
fromm	*devout, pious*
früh	*early*
das Frühstück	*breakfast*
frühstücken	*to have breakfast*
sich fühlen	*to feel*
der Führerschein	*driving licence*
funktionieren	*to work, function*
furchtbar	*dreadful*
fürchten	*to fear*
der Fuß	*foot*
zu Fuß	*on foot*
fußballbegeistert	*football crazy*
die Fußgängerzone	*pedestrian precinct*

G

gar nicht	*not at all*
der Garten	*garden*
die Gastfreundschaft	*hospitality*

das Gasthaus	*public house, inn*
die Gaststätte	*public house, inn*
geben	*to give*
gebrochen	*broken*
der Geburtstag	*birthday*
das Geburtstagsgeschenk	*birthday present*
gefallen	*to please*
die Gegend	*area, district*
gehen	*to go, walk*
gehören	*to belong to*
geizig	*stingy, tight with money*
gut/schlecht gelaunt	*in a good/bad mood*
das Geld	*money*
gelegentlich	*occasionally*
gelernt	*trained*
gemein	*rotten, mean*
das Gemüse	*vegetable*
gemütlich	*cosy, comfortable*
genausoviel	*just as much*
geraten	*to get into, to hit upon*
die Gesamtschule	*comprehensive school*
das Geschäft	*shop, business*
das Geschenk	*present*
die Geschichte	*history*
geschieden	*divorced, separated*
die Geschwister	*brothers and sisters*
gestehen	*to admit*
gestorben	*died, dead*
der Gewichtheber	*weightlifter*
das Gewitter	*storm*
gewöhnlich	*usually*
der Gips	*plaster, plaster cast*
die Gitarre	*guitar*
zum Glück	*luckily*
gotisch	*Gothic*
Gott sei Dank	*Thank God, Thank Heavens*
die Grippe	*'flu*
grüßen	*to greet, to send good wishes*
das Gymnasium	*grammar school*

H

das Haar	*hair*
Halbpension	*half-board*
das Hallenbad	*indoor swimming pool*
der Hals	*neck*
vor der Glotze hängen	*to slump in front of the TV*
der Haufen	*heap, pile*
ein Haufen Geld	*a load of money*
der Hauptbahnhof	*main station*
die Hauptschule	*primary, basic school*
das Haus	*house*
die Hausaufgaben	*homework*
die Hausfrau	*housewife*
das Haustier	*pet*
die Heimat	*homeland, home*
die Heimreise	*journey home*
das Heimweh	*homesickness*
heiraten	*to marry*
heiß	*hot*
heißen	*to be called*
die Heizung	*heating*
hell	*bright, light*
herrlich	*glorious*
herum	*around*
der Herzinfarkt	*heart attack*
herzlich	*warm*
hiermit	*herewith*

hinab	*down*
hinauf	*up*
hinterher	*afterwards, behind*
der Hirsch	*stag*
hitzefrei	*time off due to hot weather*
das Hobby	*hobby, pastime*
die Hochzeit	*wedding*
der Hockeyspieler	*hockey player*
hoffentlich	*I hope*
der Höhepunkt	*climax, high point*
der Husten	*cough*
der Hut	*hat*

I

die Idee	*idea*
die Illustrierte	*magazine*
der Ingenieur	*engineer*
interessant	*interesting*
interessieren	*to interest*
irgend etwas	*something or other*
irgendwann	*sometime or other*
irgendwo	*somewhere*
irgendwohin	*or other*

J

das Jahr	*year*
jedenfalls	*in any case*
jetzt	*now*
der Job	*job*
die Jugendherberge	*youthhostel*
der Jugendklub	*youthclub*
der Junge	*boy*
Jura	*law*

K

kaiserlich	*imperial*
kalt	*cold*
kämpfen	*to fight*
das Kaninchen	*rabbit*
der Karneval	*carnival*
der Karpf	*carp*
die Karte	*card, ticket*
Karten spielen	*to play cards*
der Kassettenrekorder	*cassette recorder*
die Katastrophe	*catastrophe*
die Katze	*cat*
die Kaufleute	*business people*
das Kaufhaus	*store*
der Kaufmann	*business man*
kegeln	*to bowl*
der Keller	*cellar*
kennenlernen	*to get to know, to meet*
der Kerzenhalter	*candle holder*
das Kind	*child*
das Kinderheim	*children's home*
das Kino	*cinema*
der Kiosk	*kiosk*
die Kirche	*church*
klappen	*to work out*
die Klasse	*class, form*
klasse	*great, terrific*
die Klassenarbeit	*test in class*
die Klassenfahrt	*class (school) trip*

der Klassenlehrer	*class teacher (male)*
die Klassenlehrerin	*class teacher (female)*
das Klavier	*piano*
klein	*small, little*
der Klempner	*plumber*
die Kneipe	*bar, pub*
der Koch, die Köchin	*cook*
kommen	*to come*
könnte	*could, would be able to*
der Kopf	*head*
die Kopfschmerzen	*headache*
kostspielig	*expensive*
der Krach	*trouble, row, bother*
krank	*ill*
die Krankenkasse	*health insurance*
der Krankenpfleger	*nurse (male)*
die Krankenschwester	*nurse (female)*
krankschreiben	*to write off sick*
der Krebs	*cancer*
die Kreuzung	*cross-roads*
kriegen	*to get*
die Krücke	*crutch*
die Küche	*kitchen, cooking*
sich kümmern	*to bother about*
der Kumpel	*mate, friend*
der Kurort	*spa, holiday resort*
die Kurve	*bend*
kurz	*short*
vor kurzem	*recently*
kurzsichtig	*short-sighted*
die Küste	*coast*

L

labbrig	*soggy (slang)*
die Laborantin	*laboratory assistant (female)*
der Laden	*shop*
das Land	*country*
die Landschaft	*countryside*
lang	*long*
langweilig	*boring*
im Laufe (+ GEN)	*in the course of*
der Läufer	*runner*
guter Laune	*in a good mood*
das Leben	*life*
das Lebensmittelgeschäft	*grocery shop*
das Leder	*leather*
ledig	*single*
eine Lehre machen	*to do an apprenticeship, training*
der Lehrer	*teacher (male)*
die Lehrerin	*teacher (female)*
es tut mir leid	*I am sorry*
leiden	*to suffer, put up with*
die Leistung	*achievement*
der Leiter	*manager*
lesen	*to read*
letzt	*last*
die Leute	*people*
die Liebe	*love*
Lieblings-	*favourite*
liegen	*to lie (on a bed)*
der Lokführer	*train driver*
losfahren	*to set off*
die Lösung	*solution*
die Luft	*air*
der Lungenkrebs	*lung cancer*

Lust haben	to fancy (doing something)
lustig	jolly, funny

M

machen	to make
ich mag	I like
der Magen	stomach
mähen	to mow
makellos	faultless, perfect
der Maler	painter
manchmal	sometimes
mangelhaft	unsatisfactory
der Marktplatz	market-place
der Maschinenschloßer	fitter
die Mauer	wall
der Mechaniker	mechanic
das Meerschweinchen	guinea-pig
meinen	to think
meinetwegen	as far as I'm concerned
meist	most
meistens	mostly
die Messe	mass, fair, market
der Metzger	butcher
mieten	to rent, hire
Mist	rubbish
mitbringen	to bring (along)
das Mitleid	sympathy
mitmachen	to join in
mitteilen	to inform
mittelalterlich	medieval
mitten in	in the middle of
mögen	to like
möglich	possible
die Möglichkeit	possibility, opportunity
der Monat	month
morgen	tomorrow
der Motor	engine
das Motorrad	motorbike
mürrisch	sullen, surly, gloomy
das Museum	museum
die Musik	music
ich muß	I must
müssen	to have to
die Mutter	mother

N

der Nachbar	neighbour
die Nachbarskinder	children next door
der Nachmittag	afternoon
die Nachricht	item of news
die Nachrichten	the news
nachsehen	to look at, examine
nächst	next
der Nachteil	disadvantage
in der Nähe	in the vicinity
näher	immediate
nämlich	that is to say
natürlich	of course
nebenan	nearby
der Nebel	mist, fog
der Neffe	nephew
nett	nice
die Nichte	niece
nichts	nothing

niedlich	cute, sweet
die Not	need, want
die Note	mark (for schoolwork)
nötig	necessary
Nr. = Nummer	number

O

oben	upstairs
obgleich	although
oft	often
die Oma	granny
der Onkel	uncle
der Opa	grandad
in Ordnung	OK
der Ort	place
örtlich	local
im Osten	in the east
die Osterferien	the Easter holidays

P

die Panne	breakdown
die Party	party
die Pause	break
Pech	bad luck
die Pension	bed and breakfast accommodation
die Person	person
persönlich	personally
der Pfefferminztee	peppermint tea
das Pferd	horse
das Picknick	picnic
der Plan	plan
die Platte	record
der Plattenspieler	record player
der Platz	seat
die Platzkarte	ticket
pleite	broke, skint, no money
pleite machen	to go bankrupt
der Polizist	policeman
der Popsänger	popsinger
prächtig	magnificent, great
der Preis	price
die Preisliste	pricelist
prima!	great! marvellous!
das Problem	problem
der Profi	professional
der Prospekt	brochure
provisorisch	temporary, provisional
provozierend	provoking, challenging
die Prüfung	examination
putzen	to clean

Q

Quatsch machen	to mess about
quatschen	to chat, natter
die Querstraße	road crossing to right or left

R

das Rad	bike
radfahren	to cycle
Radio hören	to listen to the radio

die Radtour	bicycle trip, tour
am Rande	on the edge of
der Rasen	lawn
das Rathaus	town hall
die Realschule	middle school
rechts	to the right
es ist mir recht	it's OK by me
der Referendar	newly qualified teacher
der Regen	rain
die Regierung	government
das Reh	deer
das Reihenhaus	terraced house
das Reisebüro	travel agent's
reisen	to travel
das Reiseziel	destination, main holiday base
reiten	to ride
der Reiterhof	riding stables
die Reitstunde	riding lesson
reizend	charming, enchanting
der Rentner	old-age pensioner
reservieren	to reserve, book
die Reservierung	reservation, booking
das Restaurant	restaurant
die Richtung	direction
riesig	enormous
römisch	Roman
die Rose	rose
rudern	to row

S

sagen	to say
sammeln	to collect
der Samt	velvet
die Sandalen	sandals
sauber	clean
saurer Regen	acid rain
schade!	What a shame! What a pity!
Schadstoffe	impurities, harmful elements
die Schallplatte	record
scheinen	to shine, to seem
scheitern	to fail, to be wrecked
scheußlich	ghastly
schicken	to send
das Schiff	ship
schimpfen	to grumble, scold
schlafen	to sleep
das Schlafzimmer	bedroom
Schlange stehen	to queue up
schlecht	bad
schleppen	to drag
schlimm	bad
die Schlittschuhbahn	skating rink
schlittschuhlaufen	to skate
das Schloß	palace, castle; stately home
Schluß machen	to conclude
schmerzhaft	painful
der Schnee	snow
der Schnupfen	cold, chill
schrecklich	terrible
schreiben	to write
schritt fahren	to drive bumper to bumper, slowly
schuften	to toil, slave away
die Schule	school
der Schüler	schoolboy, pupil

die Schülerin	schoolgirl, pupil
die Schulferien	school holidays
schul frei	day off school
der Schulkamerad	schoolfriend
das Schullandheim	holiday hostel (used by school trips)
die Schulter	shoulder
schwänzen	to play truant
schwärmen	to be crazy about, to rave about
das Schwefeldioxid	sodium dioxide
die Schwester	sister
schwimmen	to swim
schwindlig	dizzy
schwitzen	sweat
der See	lake
die See	sea
segeln	to sail
sehen	to see
die Seide	silk
die Seilbahn	funicular railway cableway
seit	for, since
die Seite	side, page
die Sekretärin	secretary
selbständig	self-employed, independent
seltsam	strange
die Sendung	programme, broadcast
die Siedlung	estate
die Sitte	custom, tradition
sitzenbleiben	to stay down
skifahren, skilaufen	to ski
so . . . wie	as . . . as
sofort	at once
ich soll	I am to, ought to
der Sommer	summer
die Sonne	sun
sonst	otherwise
die Sorge	care
die Sozialhilfe	Social Security
viel Spaß!	Have fun!
zum Spaß	as a joke
später	later
spazierengehen	to go for a walk
der Spaziergang	walk
die Sprache	language
das Sportgeschäft	sport shop
der Sportverein	sports club
das Sportzentrum	sports centre
das Staatsexamen	university final examination
die Stadt	town, city
der Stadtbummel	stroll round town
die Stadtmauer	city wall
die Stadtmitte	town centre
der Stadtplan	map of the town
der Stadtteil	part of the town
die Stadtwerke	municipal services
das Stadtzentrum	town centre
stattfinden	to take place
staunen	to be amazed
sterben	to die
die Stewardeß	stewardess
still	quiet
stolz	proud
stören	to disturb
der Strand	beach
die Straßenbahn	tram
der Straßenbahnführer	tram driver
die Straßenbahnhaltestelle	tram stop
der Streit	quarrel
sich streiten	to quarrel

streng	strict
stricken	to knit
strömend	streaming
der Studienplatz	a place at further education to study
studieren	to study
die Stunde	hour, lesson
der Stundenplan	timetable (of lessons)
suchen	to look for
sympathisch	nice, likeable

T

die Tabletten	tablets, pills
tadellos	excellent, flawless
jeden Tag	every day
das Tal	valley
die Talsperre	dam
die Tankstelle	petrol station
der Tannenwald	pine forest
tanzen	to dance
(berufs-) tätig	employed, in work
der Tee	tea
teilnehmen an	to take part in
das Telefon	telephone
telefonisch	by telephone
das Tempo	speed
der Termin	meeting, appointment
todlangweilig	dead boring
die Toilette	toilet
toll	wonderful
tot	dead
der Tourist	tourist
auf Trab halten	to keep someone on her/his toes
Transportmittel	means of transport
trainieren	to train
das Training	training
träumen	to dream
traurig	sad
treffen	to meet
der Treffpunkt	meeting place
(Sport) treiben	to do (sport, games)
trennen	to separate, divide
die Treppe	stairs
trinken	to drink
trübsinnig	miserable, dismal, glum
Tschüs (Tschüß)	cheerio
der Turm	tower
turnen	to do gymnastics

U

übel	sick
üben	to practise
über	about, over, via
überfahren	to run over
überhaupt	at all
übernachten	to spend the night
übrig	spare, left over
die Umgebung	surroundings, environment
die Umleitung	diversion
der Umschlag	envelope
Umstände machen	to go to some trouble
umsteigen	to change (buses, trains)
die Umwelt	the world around us, the environment
unbedingt	definitely

unbegrenzt	unlimited
ungefähr	about, approximately
ungesund	unhealthy
ungewöhnlich	unusual
unheimlich	awfully, tremendously
die Uni (versität)	university
der Unsinn	nonsense
unten	downstairs
sich unterhalten	to talk, chat
die Unterkunft	accommodation
der Unterricht	teaching, lessons
unterschiedlich	various
die Unverschämtheit	impertinence, cheek
uralt	ancient
auf Urlaub, in/im Urlaub	on holiday
die Ursache	cause
ursprünglich	originally

V

der Vater	father
der Vegetarier, die Vegetarierin	vegetarian
sich verabschieden	to take one's leave, say good-bye
verändern	to change
verbrauchen	to use, consume
verbringen	to spend (time)
verderben	to spoil
verdienen	to earn, deserve
vereinbart	arranged, agreed
sich verfahren	to lose one's way, to get lost
zur Verfügung stehen	to be at someone's disposal
vergessen	to forget
im Vergleich zu	in comparison to
das Verhältnis	relationship
verheiratet	married
der Verkäufer	salesman
die Verkäuferin	saleswoman
das Verkehrsamt	tourist office
der Verkehrsstau	traffic jam
die Verkehrsverbindungen	transport service
sich verkleiden	to dress up (fancy dress)
verlaufen	to pass (time)
verletzt	injured
verlobt	engaged
verrenken	to sprain
verschieben	to postpone
verschmutzt	polluted, dirty
die Verschmutzung	pollution
versetzen	to promote
versichern	to assure, insure
die Versorgung	care, maintenance (as in social services)
versprechen	to promise
sich verstehen	to get on (with people)
die Verstopfung	constipation
der Vertreter	representative
verunglückt	in an accident
die Verwaltung	administration
der Verwandte	relative
verzeihen	to forgive
der Vetter	cousin
das Videogerät	video
viel	much, a lot
viele	many
vielleicht	perhaps
Vollpension	full board

im voraus	in advance	ich will	I want to
voraussichtlich	probably, in all likelihood	der Wind	wind
vorbeikommen	to drop in, to call by	der Wintersport	wintersports
vorbereiten	to prepare, get ready	wirklich	really
vorhaben	to have planned	wirtschaftlich	economic
vorher	previously	das Wirtschaftswunder	the economic miracle
der Vorort	suburb	wissen	to know
der Vorschlag	suggestion	das Wochenende	weekend
der Vorsitzende	chairperson (male)	der Wohlstand	wealth
die Vorsitzende	chairperson (female)	der Wohnblock	block of flats
vorstellen	to introduce	der Wohnwagen	caravan
sich vorstellen	to imagine	wollen	to want
der Vorteil	advantage	sich wundern	to be surprised
das Vorurteil	prejudice	wunderschön	wonderful, glorious
		der Wunsch	wish
		wünschen	to wish
		würde	would

W

wahnsinnig	crazy, mad, insane
der Wald	forest
wandern	to hike, walk
wäre	would be
der Warteraum	waiting room
der Wartesaal	waiting room
die Waschmaschine	washing machine
der Wasserfall	waterfall
das Wasserschloß	moated castle
weg	away, gone
wehtun	to hurt
die Weihnachtsferien	Christmas holidays
der Weihnachtsmarkt	Christmas market
das Weinfest	wine festival
ich weiß	I know
weit	far
weiterfahren	to continue
welche	some
der Wellensittich	budgerigar
aus aller Welt	from all over the world
die Weltstadt	metropolis, international city
weniger	less
der Werbezettel	advertising leaflet
werden	to become
die Werkstatt	garage (for repairs)
der Werkzeugmacher	toolmaker
im Westen	in the west
wichtig	important
wieder	again
wiedersehen	to see again, meet again

Z

die Zahnarzthelferin	dental assistant
die Zahnschmerzen	toothache
zeigen	to show
die Zeile	line
die Zeit	time
zur Zeit	at the time
die Zeitung	newspaper
das Zelt	tent
zelten	to camp
der Zeltplatz	camp-site
das Zeug	things, stuff
das Zeugnis	report
das Ziel	destination, aim, goal
ziemlich	fairly
zig	umpteen (slang)
das Zimmer	room
Zoff machen	to kick up a fuss
zuerst	first of all
zufällig	coincidentally, by chance
der Zug	train; procession
das Zuhause	home
zusammenkommen	to meet
zuschauen	to watch, spectate
zwar	what's more
der Zwilling	twin
die Zwillinge	twins